知識
圖書館

豐富孩子的視野

知識
圖書館

豐富孩子的視野

知識
圖書館

豐富孩子的視野

知識
圖書館

豐富孩子的視野

走吧走吧！
跟世界做朋友

亞洲篇

給中小學生的第一本世界地理百科

施賢琴（小茱姐姐）/著

KIDISLAND・兒童島 /繪

快樂文化

讀好書培養國際觀

文／臺北市國語實小校長、兒童文學家　林玫伶

　　在我觀察到的臺灣小學教育，經常會把「國際觀、世界觀」納進學校願景或課程主軸。的確，臺灣面積不大，如果眼光只侷限於彈丸島嶼，不免困乏窘迫；但臺灣四面環海，海洋連結各大洲，走出去才能讓胸懷遼闊。我想這也是各校重視國際教育的原因之一。

　　隨著旅行風氣提升，出國越來越普遍，按理說國際教育將更具備養分，但若只是拍照打卡、吃東西、購物，這樣的旅行實在可惜了，距離所謂的國際觀還有一大段距離。

　　十二年國教強調的核心素養有一項是「多元文化與國際理解」，其中有幾個重點，包括尊重與欣賞多元文化、關心全球議題、促進國際理解。這樣的「素養」要如何培養呢？

　　當我讀到金鐘獎得主小茱姐姐這套《走吧走吧！跟世界做朋友》時，真的令人驚艷不已，這是一位熟悉兒童、瞭解青少年的作者，知道要從怎樣的角度帶領大家認識欣賞世界。

　　第一，每個國家安排一位在地的「Super 導遊」，先讓讀者認識這位導遊有多特別，再跟著導遊認識該國的文化。導遊的選擇很用心，都是影響深遠，且大多與該國要介紹的主題特色有關。例如日本 Super 導遊是任天堂的岩田聰，他研發的遊戲風迷全球，由他當導遊，一起踏上日本偉大的發明之旅，是不是很有意思呢？

　　第二，書中以隱藏版的「臺灣出發」標示各國。每個國家列出了幾項基本資料，除了首都、面積和

貨幣外，還加上了飛行時間與當地時間。有意思的是，本書以臺灣為基準，讓讀者特別有感。例如越南的飛行時間是 3 小時 10 分鐘、當地時間是臺灣 +1 小時、面積是臺灣 10.4 倍大──這樣的描述，是不是很具象呢？

第三，本書展現對多元文化的尊重與欣賞。各國風情不同、文化各異，若帶著偏見看待不同國家，很容易陷入坐井觀天的泥淖。本書在處理文化差異時用詞謹慎，並且加入背景脈絡，讓讀者理解後埋下想要進一步探究的種子。例如傳統印度社會訂定了種姓制度，政府已廢除但鄉村仍存在；新加坡的鞭刑是基於遏止犯罪而設立，即使人權組織有異議，新國仍堅持實施。

第四，討論國際重要議題，一起當個世界小公民。本書除了環遊各國外，也開闢專章探討環保、貧窮、兒童失學等問題，這些一直為全球所關注，在欣賞大千世界的同時，也必須嚴肅面對。書中會建議讀者可以怎麼做，即使年紀小，也可以盡一份心力

回到十二年國教「多元文化與國際理解」核心素養培養的重點，本書可說是一套相當適合教學現場的補充讀物。此外，家長若安排家庭出國前，也值得一讀，厚實行前準備；沒有出國者，在本書中臥遊，也是一大享受。

用主題式的學習，提高閱讀的樂趣

「我的世界好朋友，歡樂有趣 go go go」這是小茱姐姐主持「我的世界好朋友」廣播兒童節目的固定開場白。它就像咒語般，開啟小朋友們與世界連結，也一圓小茱姐姐 10 歲時就想環遊世界的夢想。

用聲波、想像力帶著小朋友遨遊世界，建立國際觀，是兒童節目「我的世界好朋友」製播的初心，為擺脫制式的資訊傳播，於是有了「聽節目去旅行」的概念，讓每集節目都化身為有趣的旅程，很開心這趟「聲音旅行」不僅獲得廣播金鐘獎的肯定，也將轉化為文字、圖畫的方式，延續對世界的探險。

世界的國家總數超過 100 多個，我們從臺灣出發，造訪了五大洲各具有代表性的 43 個國家，《走吧走吧！跟世界做朋友！》共分為「亞洲」、「美洲、大洋洲」及「歐洲、非洲」三冊，每冊企畫不同國度的風土民情，也穿插了國際議題，一趟豐富的閱讀旅行，即將開展！

如何快速了解當地人事物，「導遊」絕對是旅程中是不可或缺的關鍵人物，因此，接續廣播節目的構想，企畫了各國經典人物擔當「Super 導遊」，除介紹重要的文

榮獲第 47 屆（2012）廣播金鐘獎最佳兒童節目主持人──陳正翰、小茱姐姐及郭孔勳。

化、景點、生活習慣、飲食及伴手禮，也分享經典人物的奮鬥故事，各國人、事、物交織更完整面向，而「Super 導遊」散發堅毅、努力、追求夢想的美好品德，也是認識各國風情外的驚喜彩蛋呢！

各國均有不同的人文風情、自然景觀、生活習性，想用小小的篇幅一網打盡，簡直是不可能、不可能、不可能的任務，因此，以各國發展特色，做為內容安排的依據，像「發明之國──日本」、「音樂之國──奧地利」、「佛教之國──泰國」等，以聚焦的主題突顯該國記憶點，加深小朋友的閱讀學習。

身為世界公民，認識各民族、各國生活文化外，對於世界正發生的問題，也不能一無所知，因此，小茱姐姐企劃了環保、戰爭、貧窮、童工等世界議題，以淺顯易懂的角度切入，期待建立更立體的世界觀，而非片面資訊，小朋友藉由這些議題，了解世界面臨的難題，也能開始思考該如何善盡公民責任，為世界的美好而努力。

從聲波到文字，各有不同的挑戰，但為孩子服務的心是相同，希望藉由創意發想，轉化生硬的知識，開啟孩子們對各知識領域的學習動機。從事廣播兒童節目製作超過 15 年、製播過 20 個以上不同主題的兒童節目，很幸運，這條路上，能和許多愛孩子的大朋友們共同努力，感謝曾給予支持鼓勵的大、小朋友，未來，小茱姐姐將繼續以聲波和文字與小朋友相伴，共享學習的樂趣喔！

小茱姐姐以「賽恩思遊樂園」節目獲得第 53 屆（2018）廣播金鐘獎最佳兒童節目獎。

目　錄

中國 博大精深 之旅　8
至聖先師｜孔子

日本 偉大的發明 之旅　18
遊戲設計師｜岩田聰

韓國 好好吃美食 之旅　28
玉米博士｜金順權

菲律賓 哇！什麼都多 之旅　38
民族英雄｜黎剎

泰國 世界第一 之旅　48
泰國國王｜朱拉隆功

#為什麼各國都關注環保議題？　58

緬甸 傳統造形特色 之旅　60
民主運動領袖｜翁山蘇姬

越南 地方美食 之旅　70
越南國父｜胡志明

柬埔寨 文化景觀 之旅　80
建築師｜旺莫利萬

印尼 文化遺產 之旅　90

獨立運動領袖｜蘇卡諾

馬來西亞 國家公園 之旅　100

首相｜東姑阿都拉曼

#為什麼有些國家的兒童無法上學？　108

新加坡 亞洲小龍 之旅　110

建國之父｜李光耀

印度 世界獨一無二 之旅　120

印度聖雄｜甘地

以色列 宗教文化 之旅　130

建國之母｜果爾達·梅厄

俄羅斯 特色建築 之旅　140

音樂家｜柴可夫斯基

#為什麼有些國家的國民非常貧窮？　150

中國 ㄓㄨㄥ ㄍㄨㄛ China

萬里長城歷史久，
美景宮殿景色優，
勞動人口密又多，
崛起中國吸眼球。

孔子

孔丘自小家境窮苦，但他非常愛閱讀，常會為了讀書而廢寢忘食，30 歲時，他已成為魯國知名的學者。

「聽說孔丘要辦所學校。」
「為什麼？」
「因為向他請教的人越來越多，為了解答更多人的疑惑，於是決定辦學。」

為了滿足許多人對知識的渴望，孔丘辦了第一所「平民學校」。孔丘除了滿腹經綸外，教學方法也和其它私塾老師不同，上課時，他鼓勵學生提問，他也會問學生問題，他一生教過 3 千名學生，無論學生的資質如何，孔丘都一樣傾囊相授。

孔丘教學認真，但他對偷懶的學生可是十分嚴格。有回，學生「宰予」無故缺席，孔丘下課後，特地繞到宰予家看看。沒想到一進門，居然看到宰予躺在床上呼呼大睡，孔丘用力打了宰予。

「你像塊爛木頭，雕不成任何東西，像骯髒的土牆，根本無法粉刷。」

看到孔丘盛怒的表情，宰予嚇得不敢再偷懶。

「有教無類」外，孔丘「因材施教」的教育方式，也讓許多學生受益。有回下課，兩位學生子路跟冉有討論起「行動力」，兩個人觀點不同，於是他們決定請教老師。

「老師，若心裡想到一件事情，是否要立刻去做？」

「子路，你得先問問別人的意見。」

「老師，若想到一件好事，該怎麼辦？」

「冉有，既然是好事，那就得立刻去做。」

子路和冉有先後請教孔丘，卻得到不同的回覆。原來，孔子是針對兩人性格給了截然不同的答案。

「子路性子急，做事莽撞常闖禍，因此，他得學習更加謹慎。冉有個性穩重，卻因思慮太多而遲疑，所以，要鼓勵他積極嘗試。」

「因材施教」、「有教無類」及推動平民教育，使得學習普及，也提升民眾的知識能力，因此，孔丘對於中國教育推廣極為重要。後來，人們尊稱他為孔子、至聖先師，而他的教育理念也深深影響後世不少教師。

關於 孔子
（西元前 551 – 479）

孔子名丘，字仲尼。是中國儒學的創始人，中國歷史上春秋時期的思想家、教育家。孔子致力於「傳道、授業、解惑」的工作，桃李滿天下，《論語》是研究儒學的重要著作。儒學重視家庭倫理，注重五倫，追求君子的溫良恭儉讓，儒學之道至今依舊影響著全世界的華人社會，深遠流長。

快跟著 Super 導遊
一起認識中國！

中國 博大精深 之旅

北京

國家首都	北京
飛行時間	3 小時 25 分鐘
當地時間	臺灣相同
國土面積	臺灣 266.7 倍大
貨　　幣	人民幣 CNY（RMB¥）

中國最大宮殿群──北京故宮博物院（紫禁城）

　　位於北京市的中軸線中心的皇家宮殿，是明清兩個朝代共 24 位皇帝處理政務和生活起居的地方。1406 年，明成祖時開始興建，耗時 15 年，共有宮殿房舍 9000 多間，也是中國現存規模最大、最完整的宮殿建築群，1987 年列為「世界文化遺產」，因北京故宮全為木材結構，所以，2013 年起全面禁火，連打火機都不准帶入。

　　故宮博物院收藏品以明、清兩代宮廷寶物為主，其中，甲骨文收藏量名列世界前茅，與法國羅浮宮、美國大都會博物館、英國大英博物館及俄羅斯

故宮博物院的館藏豐富，
一磚一瓦都有故事，絕對要參觀！

埃米塔什博物館併稱
為世界五大博物館。
2012 年 1 月至 2018
年 6 月，故宮累計參
觀人次已達到 1 億人
次。

到中國旅行參觀歷史建築前
要先做功課呀！

世界第一城牆——萬里長城

　　西元前 7 世紀，春秋戰國時期，古代中國為了抵禦北方民族的攻擊，於是，開始修築城牆，最早開始建造的是當時的楚國，直到秦朝始皇在位時，為了抵抗北方匈奴民族的入侵，大舉營建城牆圍堵，耗費了相當多的人力及資金。現存的長城，是 14 世紀的明朝所建，西起嘉峪關，東至虎山。遺址修築的長城分布於北京、天津、青海、山西、內蒙等 15 個省分。1987 年，長城被聯合國教科文組織列為世界文化遺產。

　　2012 年，中國國家文物局認定朝代修築的長城牆體、壕塹、城堡及烽火台等遺跡為文化資源應納入保護，目前總共有 43,721 處。萬里長城到底有多長？ 2017 年，中國國家文物局經過 5 年的調查，認定歷代長城加總起來的長度超過 2 萬公里。

　　八達嶺、慕田峪及司馬台是熱門的北京長城，距離市區較近的八達嶺長城，是最早開放的長城段，人潮也最多；慕田峪長城，是明朝時期的歷史建築，因有電影在此地拍攝，名氣大增；司馬台因交通不便，沒經過大規模修繕，因此保有濃濃的歷史風味。

中國皇家園林——北京圓明園

1709 年，康熙 48 年，在明代故園的原址開始興建，後歷經雍正、乾隆、嘉慶時期不斷擴建，耗時 100 多年才完全興建完成，是清代大型的皇家園林之一。圓明園、長春園和萬春園被稱為「圓明三園」，占地約 350 公頃，融合了各式江南園林的風格及造景技巧，被稱為是中國園林藝術史上的頂尖作品，甚至還有人稱它為「萬園之園」。

1860 年，咸豐皇帝時期，清朝逐漸衰敗，圓明園在英法聯軍戰役中被燒毀，目前只留下遺址，後來，中國政府設立圓明園管理處保護文物，成立了圓明園遺址公園，供民眾參觀，目前，北京圓明園也成為遊客必去的景點之一。

中國人口數世界第一

中國是全球人口最多的國家，2018 年，人口數將近 14 億，占全世界人口的 18%，過去，中國曾經執行一胎化政策，以避免人口數量過多，2016 年已解除這項政策，改實施「全面二孩」，但出生率仍呈現下滑，目前的成長率是 0.52%，預計幾年內印度將會超越中國，成為世界人口最多的國家。

農曆新年是中國人最重視的節日，許多在外地工作念書的遊子會返鄉過年，因此，也造就了全球地表上最大的移動人潮。每年春運期間，鐵路、公路、機場都擠滿了歸心似箭的民眾，一票難求，最高峰時日客運量超過 1 億人次，相當驚人。

到中國旅遊，走進歷史課本上的故事！

中國最大帝王陵墓——秦始皇皇陵

　　秦始皇皇陵位於中國陝西省驪山。史載應是中國歷代帝王陵墓中規模最大的陵園，總共費時 39 年，動員了 70 多萬人參與修築，打造出仿真實世界的地下王國。根據最新考古資料顯示，秦始皇的地宮足足有 5 座國際足球場大，為防盜墓，以水銀做成江河大海，處處設置機關，頂壁裝有天文圖象；在安全與文物保存的顧慮，以及開挖預估所需要耗費的人力物資等因素考量下，秦皇陵至今依然不敢貿然開挖。

　　皇陵四周有陪葬坑及墓葬 400 多個，陪葬坑有銅車、馬坑、珍禽異獸及兵馬俑坑等。類似真人、真馬的陶俑近 8000 件，陶俑的形象各不相同，有車兵、騎兵和步兵不同的兵種，排列整齊，場面壯觀被稱為世界第八大奇蹟（世界七大奇蹟有：中國的長城、約旦的佩特拉古城、巴西里約的基督像、秘魯的馬丘比丘、墨西哥的奇琴伊察馬雅城邦遺址、義大利的羅馬競技場、印度的泰姬瑪哈陵）。

生活萬花筒 / 伴手禮

中國八大菜系

　　中國菜是世界三大料理（中國菜、法國菜與土耳其菜）之一，全球有華人的地區都能品嘗到美味的中華料理。食材、刀工、火侯和調味是中國菜烹飪時的特色，又因所處地理環境及生活文化差異，所以，又分為八大菜系，分別是魯菜、川菜、粵菜、閩菜、蘇菜、浙菜、湘菜及徽菜，各家菜系均有知名菜餚，挑動老饕的味蕾。

中國特有動物貓熊

　　黑白毛色、大大的黑眼圈及憨厚可愛的模樣，使得貓熊成為大小朋友喜愛的動物。貓熊是中國特有種，主要棲息地是中國四川省。由於貓熊生育率低，全世界野生貓熊大約只有 2000 多隻，是中國的國寶，中國曾贈送貓熊給不少的國家，做為關係友好的象徵，如 2008 年抵達台北市立動物園內的「團團」、「圓圓」便來自於中國的贈與，2013 年，團團與圓圓在台灣哺育出第二代「圓仔」，深受台灣民眾的喜愛，始終是動物園內最受歡迎的動物。

日本 ㄖㄣ Japen

火山島嶼地震多，
世界經濟的強國，
鞠躬有禮過生活，
壽司生魚片喔伊細。

SUPER 導遊
岩田聰

　　1959 年出生在日本北海道的岩田聰，從小就對製作光碟遊戲感興趣，高中時，他開始在家裡嘗試製作電子遊戲，大學畢業後，進入任天堂下游公司工作，偶爾也會參與「任天堂」光碟遊戲的製作。

「岩田聰，你設計的這款遊戲真有趣！」
「你以後一定會是這行的佼佼者。」

　　由於岩田聰擁有新穎的創意和出色的能力，所以，他很快的成為任天堂的總經理。但當時人們的生活方式改變，日本遊戲市場急劇萎縮，曾經風行一時的光碟遊戲慢慢失去吸引力。

「大家抱怨遊戲沒有新鮮感，困難度太高，這該怎麼辦？」

「人們沒時間玩遊戲，才是我們最大的危機。」
「該怎麼度過這個難關呢？」

　　身為任天堂的總經理，岩田聰認為要改變以往的思維，創造出與年齡、性別無關，而且任何人都能玩的遊戲。惟有如此，才可能突破所面臨的困境，不過，該設計什麼樣的遊戲？岩田聰思考後，發現以往對遊戲的定義都太過狹隘。

「不是只有用鍵盤玩的才是遊戲，遊戲的領域應該是無窮盡。」

　　跳脫以往的思維，岩田聰推出「任天堂 DS」獨特的遊戲機，除鍵盤外，還附有觸控式螢幕及對講機，讓玩家有別於以往的遊戲體驗。另外，為了讓更多人開始

玩遊戲，岩田聰還試著把遊戲結合學習。之後，英語學習和大腦訓練等學習素材也在遊戲界刮起一陣旋風。

「最近，任天堂 DS 銷售成績很不錯喔！」
「寓教於樂的遊戲當然大受歡迎。」

　　由於「任天堂 DS」將遊戲和學習結合，加上能隨時隨地簡易操作，所以，玩遊戲的人口大幅增加，年齡層從老到小都有。而岩田聰在經營上的改變，解除了任天堂面臨的危機，但他並不因此滿足，他又將目光轉向家庭遊戲機身上。

「家庭遊戲機不該只是自己玩，該提升和家人同玩的樂趣。」

　　之後岩田聰又開發了使用動作感應器的遊戲──「任天堂 Wii」。「任天堂 Wii」不只是遊戲機，還能運用到其他領域，所以在全球創下極佳的銷售數字。任天堂的商標價值成為了遊戲界的第一

名，不少運動選手，也因為玩了任天堂 Wii 而提升了比賽成績⋯⋯

「靠遊樂器提升運動成績，真的可以嗎？」
「當然咯！不少人就是靠著任天堂健身遊戲瘦身，強健體魄呢！」

　　岩田聰因為有著和其他遊戲公司不同的思維，所以，才能在遊戲市場上占有一席之地，比起華麗或複雜的遊戲，岩田聰更想研發出讓大家都能玩的簡單遊戲，他認為讓遊戲成為生活一部分，也是他重要的目標。

關於 岩田聰 Satoru Iwata
（1959 − 2015）

　　2002 年 5 月 31 日，擔任任天堂社長一職，他在進入任天堂後便參與創建了精靈寶可夢公司，任內參與製作薩爾達傳說系列、超級馬力歐系列與動物之森系列等遊戲。2006 年，岩田聰還推出了 Wii，推動了體感控制遊戲的發展。享有「天才程式設計師」的美譽。

快跟著 Super 導遊一起認識日本！

日本 偉大的發明 之旅

國家首都	東京
飛行時間	3 小時 10 分鐘
當地時間	臺灣 +1 小時
國土面積	臺灣 10.4 倍大
貨　　幣	日圓 JPY（¥）

東京
●

發明卡拉 OK　生活娛樂一級棒

　　60 年代的日本男人如果太早回家，會被鄰居的女人們嘲笑沒能力，所以，男人下班後，就算不應酬，也會找三五好友喝酒聊天，直到夜深人靜時才回家。1971 年，大阪商人井上大佑（Daisuke Inoue）觀察到這種現象後，將汽車的身歷聲唱機、硬幣盒、揚聲器和可攜式麥克風組合，這就是最早的卡拉 OK 的原型機。它一上市後大受歡迎，許多大公司看準了商機，推出自行研發的機型。卡拉 OK 現在已經演變成 KTV，是非常受歡迎的大眾休閒娛樂。

東京鐵塔可以眺望東京市區，夜景很美，記得去玩呵！

寶可夢風潮　席捲全球

2016 年，「精靈寶可夢 GO」席捲全球，處處都可看到捉寶的人潮，這款遊戲的幕後推手之一就是岩田聰的任天堂公司。玩家可以在真實世界的公園、馬路、街角等地方，捕捉、戰鬥、訓練虛擬怪獸「寶可夢」，這款因應手機衛星定位功能搭配擴增實境的手機遊戲，帶給玩家全新體驗，也讓全球為之瘋狂。

原來日本有這麼多偉大的發明～

泡麵的發源地

二次世界大戰後，日本陷入貧窮狀態，百姓不易取得糧食，拉麵店前常常大排長龍。

有天，台裔日籍的商人安藤百福看到排隊人龍後，決定做出不用排隊也能吃的拉麵，他花了好長的時間試驗，但都沒成功。直到有一天，他看到妻子炸天婦羅，隨手也把麵條放進油鍋內。沒想到，當炸好的麵條再加入熱水時，居然還原成原來的樣子，就這樣，速食麵裡最重要的主角──麵誕生了！

其實，安藤百福不僅發明了泡麵，連杯麵也是他的點子喔！有一回，安藤百福為了擴展海外商機，出國開辦商品說明會，當他看到外國人把泡麵放在咖啡杯裡沖泡後，他腦海中浮出杯麵的構想。於是，1971 年，第一碗杯麵正式誕生囉！而在 1999 年，紀念安藤百福的泡麵發明紀念館在橫濱成立，館內主要展示泡麵的發展史。

機器人製造王國

任勞任怨的機器人，是人類工作上的好幫手，而日本人設計的機器人世界聞名。1973 年，第一個人形機器人在日本早稻田大學誕生，由加藤一郎教授打造，他畢生致力於機器人的研發，擁有「人形機器人之父」的美譽。產業升級，機器設備技術不斷精進改良，機器人開始在工廠裡代替人類執行工作。事實上，日本在機器人的研發，本來並不如美國，但由於部分美國人大力反對勞動機會被機器取代，產業發展只好喊停，因此日本趁勢崛起，成為世界第一的機器人製造王國。

完美機器人的想像

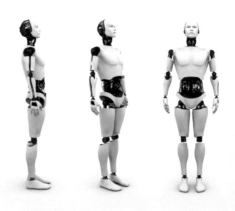

生活巧創意自拍棒

現在出門旅遊，隨處可見拿著自拍棒拍照的人們。這個點子，其實早在 30 幾年前日本人就想到囉！ 1980 年代，自拍棒就已經問世，當時日本相機工程師上田弘（Hiroshi Ueda）發明且申請專利的名稱是「延伸棒」，但「延伸棒」並不如預期受歡迎，不少人還認為那是「多此一舉」的發明，直到智慧型照相

手機普及後，加拿大人佛洛姆（Wayne Fromm）也發明了現在眾所皆知的自拍棒「Quik Pod」，跟上田弘概念一致，自拍棒終於獲得大眾的青睞，現在幾乎是人手一支呢！

日本人超有禮貌

「嗨！」，日本人談話時，常會附和、點頭，但請注意，這只是聽了對方的話做出反應而已，並不表示認同喔！對日本人而言，談話過程中，不做任何反應，那可是相當不禮貌的行為。

除了點頭說「嗨」外，日本人打招呼，大都以鞠躬表示，同時，根據禮節輕重程度而有所不同。一般日本人行禮致意是不接觸身體，

所以，握手或擁抱，都不是日本人習慣的問候方式。

除了剛剛提到的握手和擁抱外，還有那些失禮的行為，在日本也要盡量避免呢？別在沒進食的人面前吃東西，那不僅尷尬，也非常沒禮貌。另外，也不能在別人面前嚼口香糖，但抽煙是沒問題的，因為日本吸煙人口不少，這點是大家能接受的！

跟日本人學習當個有禮貌的人！

烏鴉代表吉祥

全身黑漆漆，叫聲粗啞的烏鴉是日本的國鳥。為什麼日本人對烏鴉如此喜愛？據說 2 千多年前，神武天皇帶兵征戰，天神派了一隻烏鴉做武術指導，因此順利取得勝利，建立朝廷。從那之後，日本人就把烏鴉視為吉祥之鳥。

東京市區有不少綠地及垃圾，提供烏鴉不錯的生活環境，加上日本人不捕殺，因此烏鴉數量大幅增加。目前東京的烏鴉高達 3 萬隻以上，帶給人們生活上許多困擾，像常有從天而降的驚喜（鳥糞）、哺乳期的烏鴉會攻擊或啄傷行人等，日本政府為了烏鴉泛濫的問題大傷腦筋，雖然曾尋求許多方法解決，但仍徒勞無功。

日本獨特的泡湯文化

日本溫泉世界有名，不僅泉質多樣，數量也相當驚人，泉源總數超過 2 萬多處，北海道、本州、九州、四國都有深受遊客喜愛的泡湯景點。由於溫泉資源豐富，日本也發展出獨特的泡湯文化及泡湯禮節。

日本人泡湯時，會帶大小兩條毛巾，大毛巾是用來擦拭身體，而小毛巾的用途是為了放在頭上。隨著季節及室內外溫泉溫度上的差異，頭上的毛巾也不一樣。夏天放上「泡過冰水的毛巾」，是為了防止泡溫泉時，血液往頭部集中而腦充血，若冬天泡露天溫泉，則放上「泡過熱水的毛巾」，避免血壓急速上升。

生活萬花筒/伴手禮

壽司

　　其實是源自於中國，奈良時代，日本人到中國經商，為了解決長途航程吃的問題，於是，把醃製的飯糰搭配海鮮或肉類，壓成小塊長形，當作旅途中的糧食，這就是壽司的前身。當日本人吃到酸酸的飯時，忍不住邊吃邊喊：「好酸！好酸！」日本語的好酸和壽司發音相像，後來，大家就把嘗起來酸酸，有飯有肉或海鮮的食物稱為「壽司」。

生魚片

　　生魚片，在日語中叫「刺身」，是日本料理中最有代表性食物之一。由於日本四面環海，漁業資源豐富，也養成日本人愛吃魚的習慣。日本生魚片都是用新鮮海魚或海貝製作，師傅在切生魚時，會切得非常非常薄，除了口感的考量外，安全也是重點，因為薄片能看清楚是否有小蟲子吸附在魚肉上。

大阪燒、廣島燒、文字燒巧妙不同

大阪燒

　　大阪燒、廣島燒和文字燒是日本的庶民小吃，雖然都是鐵板料理，但製作方式及食材略有不同。「大阪燒」是將麵粉、蛋、柴魚高湯、高麗菜和肉等材料混合成麵糊，然後以鐵板或平底鍋煎成圓餅，再放上肉片，最後塗上醬汁、撒上柴魚片、青海苔跟美乃滋。

　　起源於廣島的「廣島燒」，是在鐵板上慢慢堆疊食材，並不是像大阪燒一樣，把食材全混合在一塊。另外，廣島燒會加入麵條，增加食用的口感及層次。至於「文字燒」，源自於東京，製作過程是將蔬菜、肉等食材炒過後，再將麵糊慢慢倒入，最後與食材混合攪拌，煎成鍋巴後撒上海苔。

韓ㄏㄢˊ 國ㄍㄨㄛˊ　Korea

朝鮮半島有兩國，
南韓北韓大不同，
人參泡菜好滋味，
電子娛樂是蛟龍。

金順權

金順權在美國念書，看到當地豐饒的物產時，便會想起忍受飢餓之苦的親人，由於家鄉農作物栽種不易，不少人都嘗過餓肚子的滋味。金順權大學畢業後，拒絕許多大企業合作提議，堅持回鄉奉獻所學，不少人認為他的決定相當不聰明，但金順權卻沒有任何猶豫和後悔。

「什麼？你要研究玉米？」
「若能讓玉米在貧瘠的土地上成長，那不就能解決糧食不足的問題。」

金順權回到韓國後，親自下田栽種並研究當時並不受到重視的農作物玉米，之後，為了更深入研究，金順權申請到夏威夷學習玉米雜交的生物技術，本來需要讀 6、7 年才能拿到的博士學位，金順權卻只花了 3 年 3 個月。

「金博士，很少人像你這麼拼命讀書。」
「早點回國，讓各種土壤上都長出玉米，那不就能早點解決飢荒的問題。」

為了研發新品種，金順權投入所有的心力和時間，使得原本就困頓的生活，因為研究工作變得更辛苦，夫妻倆常常有一餐沒一餐。雖然日子過得很艱苦，但金順權的妻子卻沒任何怨言，兩人總是相互勉勵。

經過一次又一次的實驗，新的玉米品種問世了，金順權改良的玉米比起一般品種，不只產量多，防

蟲害的能力也更強。

「你們都應該改種新品種的玉米，收成會更好！」

金順權積極地建議農民改種新品種，好改善收成情況，但沒料到，卻引來反對聲浪，金順權並沒因此被擊倒，他用了更多的方法說服農民，後來，少部分的農民懷著半信半疑的態度試種新品種玉米，沒想到，不只產量足足增加了 90%，連收入也提高了 3 倍。

金順權的改良玉米引起全世界注意，新品種玉米對於韓國、中國、東南和南非等糧食短缺的國家有相當大的助益，甚至連奈及利亞的研究所也邀請金順權前去訪問，他並提供協助讓當地能順利種植玉米。

「奈及利亞種植的條件並不好，因為寄生草會吸取玉米的養分。」

為了在奈及利亞土地上種出玉米，金順權研發出比寄生草更強韌的「超級玉米」。「超級玉米」不僅解決了奈及利亞缺糧的問題，甚至還出口賺取外匯呢！而奈及利亞人為了感謝金順權，封他為「馬耶甘」榮譽酋長。

回到韓國後，金順權成立「國際玉米基金會」，向飽受飢餓困擾的國家推廣改良玉米，他根據各國土壤和氣候，研發出適合在地生長的玉米。因為對人類的貢獻，金順權好幾度被提名諾貝爾獎，雖然都沒能獲獎，但他為解決飢荒問題而做的努力是眾人有目共睹呢！

關於 金順權 Kim Soon-kwon （1945 － ）

金順權，研發「超級玉米」品種，解決韓國與西非奈及利亞的糧食問題，目前是韓東大學碩座教授、韓國國際玉米財團理事長，享有「玉米博士」的美譽。1998 年受到北韓的邀請，積極解決北韓長期以來的糧食短缺問題。

快跟著 Super 導遊一起認識韓國！

韓國 好好吃的美食 之旅

韓國的景福宮，是古代帝王居住的地方，更是韓國古裝劇經常拍攝的場景。

國家首都	首爾
飛行時間	2 小時 20 分鐘
當地時間	臺灣 +1 小時
國土面積	臺灣 2.7 倍大
貨　　幣	韓元 KRW（₩）

（地圖標示：首爾）

為什麼韓國人用餐愛用湯匙？

筷子和湯匙是韓國人用餐時較常使用的餐具，但與筷子相比，湯匙使用頻率更高，為什麼？這是因為湯匙的功用多，它能盛湯、撈湯裡的菜、裝飯、吃飯，一根湯匙能搞定許多事，而韓國人常吃的石鍋拌飯、酢醬麵，也需要使用湯匙攪拌，所以，湯匙可是韓國人餐桌上少不了的餐具。

至於筷子，韓國人拿它來夾菜，韓國的筷子扁扁方方，和臺灣常使用的並不相同，據說圓滾滾的筷子掉下去後，在地面上滾來滾去造成困擾，韓國人不想浪費時間，於是，就把筷子改成扁扁方方的模樣。

有人吃飯時，習慣一手拿筷、一手拿湯匙，這在韓國可是不被允許的喔！餐桌上湯匙和筷子的功能清楚分明，連擺放的位置也不能搞錯，飯碗在左邊、湯放右邊。

韓國人喜歡搬小桌子吃飯，
而扁筷子比較不會掉落。

韓國人吃飯禁忌多

在韓國吃飯時，千萬切記不能把飯碗拿起來，因為韓國人認為端起飯碗吃飯，是沒禮貌的行為。既然飯碗不能拿，那麼把嘴靠近碗吃飯，可以嗎？當然也不行，在韓國人的觀念裡，吃飯時沒必要抓著碗不放，所以，以手端碗，或以口就碗都是不適當的行為。

正確的做法是，把碗放在桌上，然後用湯匙一口一口地吃，而另一隻沒拿湯匙的手，就好好地放在桌子下面。另外，強調長幼有序的韓國，吃飯時也得等長輩動了筷子，晚輩才能開動，用完餐，長輩的餐具沒放下，也不能輕易放下呵！

超愛喝酒的韓國人

根據世界衛生組織報告顯示，韓國人年平均飲酒量是亞洲第一名，無論是工作迎新、好友聚餐，還是發洩情緒，「酒」都是不可或缺的角色，強調長幼尊卑的韓國，在喝酒時，也有些獨特的飲酒文化。

像是不能當長輩面前喝酒，要將臉側向沒人或是晚輩那一邊，才能喝酒。另外，長輩倒酒時，要雙手捧杯，表示尊重，替別人斟酒時，無論是右撇子還是左撇子，都只能用右手倒酒，同時用左手扶著右手肘或手腕，萬一自己的酒杯空了，也不能替自己倒酒。除了愛喝酒外，韓國人也超愛續攤，從晚餐，喝到消夜、唱歌，「不醉不歸」可是不成文的規定呢！

韓國明星全球夯

1990 年代開始，韓國政府大力扶持發展音樂、戲劇、綜藝等娛樂產業，除了投入大量資金培植優秀人才外，也積極開拓海外世界。近幾年，韓國主要出口產品如半導體、IT 衰退，但影音產業仍有相當不錯的成績。為什麼韓國演藝人員會大受歡迎？扎實的訓練、強烈企圖心，再加上多元平台的宣傳策略，造就韓流在全球娛樂產業占有一席之地。

韓國人為什麼愛吃泡菜？

　　韓國緯度高，冬天時天寒地凍，作物不易生長。為了解決冬季食物不足的問題，所以，人們開始醃製泡菜。剛開始時，只使用鹽當材料，後來嘗試加入各種辛香料、調味料及辣椒粉，就成為我們現在看到的泡菜。韓國泡菜隨地區、季節、環境的不同，各有獨特的特色，韓國泡菜的種類多達 100 多種，以辣白菜泡菜、蘿蔔塊泡菜、蘿蔔片水泡菜最具有代表性。

　　為什麼韓國人這麼愛吃泡菜？除了生活習慣外，健康也是個重要的考量，泡菜裡的乳酸菌，可以減少腸內有害菌的繁殖，促進腸胃中的蛋白質分解酵素，多吃泡菜不僅讓排便順暢，還能幫助減肥，就是因為好處多，所以，韓國人才會餐餐吃泡菜呵！

韓國的飲食文化好有趣呵！

韓國人愛吃水煮蛋

在韓國，汗蒸幕、便利超商等許多地方都會販售水煮蛋，若說「水煮蛋」是韓國人日常生活中必備食物之一，一點也不為過。

太陽蛋、歐姆蛋……蛋的料理方式眾多，為什麼韓國人特別鍾愛水煮蛋呢？原因可能是韓國人在飲食上強調健康，以清淡為主，少油膩，再加上韓國冬天天氣寒冷，烹調食材大多以湯鍋或烤肉為主，蛋只是韓式料理的配角，因此，簡單方便的水煮蛋，就成了韓國人的選擇。

韓國人最愛的動物是老虎

「老虎」是韓國人最喜歡的野生動物，因此生活文化中許多事物與「虎」相關，像以「虎」做為地名，例如虎峴洞、虎溪洞等等，韓國國家足球隊被稱為「太極虎」，隊徽是隻老虎。1988 年的漢城奧運的吉祥物就是一隻老虎「虎多里」。

韓國人民將老虎視為權力和制度的象徵，在民間，老虎被稱為「山神爺」，是正義的化身，人們相信老虎具有「驅惡招福」的作用，因此民俗活動或者歲時節氣，人們會在大門上張貼老虎像，防止惡鬼入侵。

景福宮的老虎石雕

生活萬花筒 / 伴手禮

三星產品

　　三星集團是韓國最大的財團，除了生產智慧型手機外、液晶電視、相機、家電設備都是旗下的產品，三星電子也是世界上知名的電子大廠，市占率高，至少 8 項科技產品，都是世界第一，三星產品為韓國賺進不少外匯，也大大打響韓國知名度。

高麗人參

　　人參是常見的中藥材，而韓國的高麗人參更是赫赫有名。因為韓國的地理置、氣候環境相當適合人參生長。韓國錦山是人參重要產區，栽培面積占韓國整體 71.5%，由於高麗人參是韓國相當具有代表性的農產品，所以，剛開始時是由政府直接管理及專賣，嚴格把關品質，但目前已開放民營化，努力研發把人參運用在更多的用途上，像保健食品、化妝品等等。

菲ㄷ 律ㄌ 賓ㄅ Philippines

東南亞上群島國，
異族統治樣貌多，
椰子盛產好收穫，
颱風火山天災多。

黎剎

1565 年，西班牙人入侵菲律賓，開始長達 3 百多年的統治。黎剎在成長過程中，因曾親眼目睹殖民者對於菲律賓人民的欺壓，所以，在他的心中早已種下民族獨立的種子。

天資聰穎的黎剎，小小年紀就能以母語塔加拉文和西班文寫下文句和詩，9 歲時，他寫了首頗有革命意味的詩，10 歲時，因母親遭受西班牙教士的莫名指控，更強化他心中對抗西班牙人的決心。

「為什麼西班牙人要如此對待我們？」

11 歲時，家人為了保護黎剎不受西班牙當局迫害，於是，把他送入當時菲律賓最有名的學校就讀，15 歲時，黎剎取得了文學士學位，這項紀錄至今還沒人能打破。

無論是學業，還是寫詩、繪畫，黎剎都有相當傑出的表現，後來，他成為了醫師、詩人和作家，即使在事業上有優異的表現，但黎剎心中一直關心著國家大事。1892 年，他成立了「菲律賓聯盟」，開始帶領人民展開民族獨立運動，他主張提倡民主革命。

「這種溫和方式，根本起不了什麼作用。」
「不！我不希望任何人流血喪命，我要喚起民眾的認同和使命！」

黎剎用溫和的手段進行民主運

動，他將西班牙的黑暗統治寫入他的詩和小說中，希望藉此喚醒社會大眾對於國家的認同，雖然黎剎不提倡武力革命，但西班牙政府仍然將他視為眼中釘，他們擔心黎剎小說中對當局的攻擊和不滿，會導致民眾的民主意識抬頭，為了避免黎剎的影響力擴大，他們決定採取行動。

「你們為什麼逮捕我？」
「因為你做了不該做的事，在書中以強烈言詞批評統治者。」

西班牙政府派兵逮捕黎剎，之後將他關在獄中近兩個月時間，這段時間內，他寫下了著名的作品《訣別》。後來，西班牙政府決定處死黎剎，當黎剎被押赴刑場的時候，他昂首闊步，臉上完全沒有任何恐懼的神情，行刑者被黎剎的氣勢震懾，還一度不忍開槍呢！

1896 年，35 歲的黎剎遭處決死亡，為避免引起民眾群起反抗，西班牙政府不准家人收屍，而將黎剎草草埋葬於馬尼拉華僑義山附近，還好黎剎的姐姐偷偷跟蹤士兵，在埋葬黎剎的地方以石塊作了記號，她希望有一天能好好的安葬弟弟。

黎剎死後 50 年，菲律賓才獨立建國成功，為了感念黎剎所做的努力，菲律賓人尊稱他為國父，而當年埋葬於華僑義山的遺骸，移到了馬尼拉灣畔的黎剎廣場，並且矗立起黎剎紀念碑，之後還建立了黎剎公園，除此之外，菲律賓政府還把每年的 12 月 30 日訂為「黎剎節」，紀念這位為菲律賓自由民主而努力的鬥士。

關於 荷賽・黎剎 Jose Rizal （1861 – 1896 ）

是詩人、作家，也是著名眼科醫師，更是菲律賓第一位民族英雄，有「菲律賓國父」之稱，是亞洲第一位主張以和平主義的方式進行革命的改革家。

快跟著 Super 導遊一起認識菲律賓！

菲律賓 哇！什麼都多 之旅

長灘島（Boracay）
素有度假天堂的美名。

馬尼拉

國家首都	馬尼拉
飛行時間	2 小時
當地時間	無時差
國土面積	臺灣 8.3 倍大
貨　幣	比索 PHP（₱）

菲律賓群島多

　　菲律賓是群島國家，由 7100 多個島嶼所組成，其中已命名的島嶼有 2000 多個。每座島嶼大小不同，排名前 11 大的島嶼占了總面積的 96%，而一般人所熟知的呂宋島（Luzon）、民答那峨島（Mindanao）及薩馬島（Samar）是排名前三名的島嶼。菲律賓群島地形複雜，地形地貌非常豐富，無論是自然美景、海洋生態或水上活動，都成為吸引觀光客的亮點，現在不少人會特意選擇菲律賓島嶼度假，享受不同的風情。

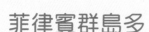

菲律賓火山多

　　位在「環太平洋」火山帶的菲律賓，擁有相當多的火山數量，目前在菲律賓境內有 22 座活火山，其中最有名的就是位在呂宋島的馬榮火山（Mayon Volcano），它的外形與日本的富士山相近，由於有些火山擁有奇特或美麗的景觀，因此，「火山」也成為菲律賓旅遊的景點之一。

　　菲律賓有為數不少的活火山，雖然火山噴發時，容易造成傷亡危險，但不少遊客還是想親眼目睹火山噴發的壯觀景色，因此菲律賓政府設置了優良的火山爆發預報系統，確保居民和遊客的安全。

欣賞菲律賓的火山要注意安全呵！

菲律賓天災多

　　位於東南亞的菲律賓處於環太平洋火山帶，常會發生地震及火山爆發等天災，另外，菲律賓臨太平洋，有利於熱帶低氣壓發展形成颱風，每年4月到12月都是菲律賓的颱風季節，平均一年有20個颱風造訪菲律賓。每次熱帶風暴形成，第一個撲襲的國家就是菲律賓。菲律賓許多島嶼，都缺少高山屏障，狂風暴雨常會造成相當大的災難。

　　由於颱風、地震及火山爆發發生機率高，所以，菲律賓始終名列災難最多國家的前5名，面對生活中層出不窮的災難，菲律賓人的態度很平淡，因為他們早就習以為常了。

位在菲律賓民答那峨島的
阿波火山（Mount Apo）
是菲律賓境內的最高峰

菲律賓人口多

菲律賓是全球第 12 個邁入上億人口的國家，由於民眾信奉天主教，不能採取避孕措施，所以，一般菲律賓家庭都會有 5 到 6 名的成員。因為人口多，因此菲律賓的勞動力也相當驚人，它是全球最大的勞工輸出國之一，在全球各地都能看到菲律賓人辛苦工作的身影。

菲律賓人不說不

想聽到菲律賓人從口中說出「不」這個字，並不是件容易的事，因為菲律賓人覺得開口說「不」是很沒禮貌的事，連做不到的事，他們也不會輕易說「不」，正因如此，和菲律賓人合作時常會被搞得火冒三丈。

為避免衝突場面發生，跟菲律賓人講話時，必須要有些技巧，像對話時，千萬不要問可不可以，要問：「有沒有困難？能不能執行？」因為回答時，完全不需要使用到「不」這個字，因此，菲律賓人就會坦白說明情況，這麼一來，事情就能順利處理了。

狂人總統杜特蒂

2016 年上任的杜特蒂（Rodrigo Duterte）是菲律賓最另類的總統。他不參加公告儀式、不搬進總統府、早上不辦公、言辭尖銳直率。杜特蒂從政多年，曾將治安極差的納卯市治理成菲律賓治安最好的地方，他主張以嚴刑處治犯罪者，為解決毒品問題，他下令擊斃數千名可疑嫌犯，激烈手段引起不少爭論，但菲律賓民眾仍相當支持杜特蒂，民調居高不下。

記得不可以跟菲律賓的朋友說「不」呵！

迷你眼鏡猴是菲律賓的保護動物

迷你眼鏡猴（Tarsius Monkey）是東南亞瀕臨絕種的動物，個頭嬌小的眼鏡猴，身長約 10 幾公分，眼睛大而圓，就像戴著一副大眼鏡，頭部可以做 180 度迴轉。眼鏡猴一離開棲息地就無法生存，因此無法在動物園用人工的方式飼養。

目前菲律賓薄荷島（Bohol）有座眼鏡猴保育中心，遊客可以入內近距離觀看眼鏡猴的可愛模樣。由於眼鏡猴生活習性是晝伏夜出，所以，進入保育中心參觀時，禁止大聲喧譁，也不能使用閃光燈拍照。

宿霧成為英語學習的重鎮

每年超過 15 萬人前往菲律賓學習英語，目前在當地已經有超過 500 間語言學校。菲律賓語言學校最大特色是教學嚴格，教師會依據學員個別學習狀況調整教學方式，短時間內達到英語聽、說、讀、寫流利的目標。

除了教學方式外，價格也是菲律賓成為亞洲英語教學基地的原因，費用只需要歐美國家的三分之一，每年吸引數萬名韓國、日本學生與年輕人前往。菲律賓學習英語的地點，分別是碧瑤、克拉克和宿霧，本來以潛水觀光聞名的宿霧，現在搖身成為亞洲英語學習的重鎮。

生活萬花筒 / 伴手禮

椰子製品

　　菲律賓大量種植椰子樹，是椰子生產大國，絕大多數的居民也都以椰子產業為生。菲律賓椰子榨出的椰子油產量是世界第一，消暑的椰子水是遊客愛喝的飲品，除此之外，像椰子果醬、椰子酒、椰子糖等等也大受歡迎，菲律賓人努力發展椰子的周邊商品，根據統計大約有一兩百種，所以，稱椰子是菲律賓的「生命之樹」可是實至名歸呢！

貝殼製品

　　因島嶼眾多，海岸線綿長，所以，菲律賓的貝殼數量不少，而當地居民運用巧思，將貝殼加工後，成了具有特色的手工藝品，像扇貝製成的盤子、檯燈和家飾品等等都相當受歡迎，這可是融合了天然資源及當地人手藝的絕佳紀念品。

泰_{ㄊㄞ}國_{ㄍㄨㄛ} Thailand

稻米產量是要角，
水上市集好熱鬧，
寺廟佛塔隨處找，
度假觀光樂陶陶。

朱拉隆功

　　1782 年，拉瑪一世推翻鄭信建立的吞武里王朝，遷都曼谷，建立卻克里王朝（Chakkri Dynasty），又名泰國曼谷王朝，延續至今，為今日泰國皇室。到五世皇朱拉隆功，泰國才成為主權獨立的國家。朱拉隆功的父親四世皇孟固（Mongkut），曾積極地與西方的傳教士交往，學習英語和西方科學知識。

「您如此積極與西方世界接觸，恐怕會引起爭議。」
「西方有許多值得學習之處，吸取經驗，我們的國家才會越來越強盛。」

　　因為孟固的積極開放，泰國王朝國勢逐漸強盛繁榮。孟固是泰國第一位通曉外語，准許平民接近國王的君王，他特別聘請美籍教師安娜進入皇宮教導王子朱拉隆功。而從小接受東西方文化教育的朱拉隆功接任皇位後，也延續父親改革的想法。

　　朱拉隆功繼任時，泰國正處於艱困的環境，英國在馬來半島上，成立了「海峽殖民地」，占領了泰國西側的印度和緬甸，越南也淪為法國的保護國，四周國家個個淪為西方國家的殖民地。

「現在，泰國是西方各國虎視眈眈的對象，我們絕對不能坐以待斃。」

　　為了解決難題，朱拉隆功決定利用列強想併吞泰國，卻又彼此顧

忌的情勢，夾縫中求生存。他讓泰國成為英、法兩國兩股勢力範圍的緩衝地帶，因此，維持了暫時性的獨立。

「只有改革維新，才能脫離英法的威脅，成為主權獨立的國家。」

　　在位 37 年間，朱拉隆功進行一連串改革，好讓泰國擺脫列強的覬覦。其中，1905 年頒布「廢除奴隸」影響最大，他認為奴隸制嚴重損害了泰國的形象，同時，推行資本主義，需要大批自由的勞工，因此，朱拉隆功親政第二年就頒布法令，但推動了 30 多年，直到他去世的前兩年才完成。

　　依照泰國傳統，在位國王都必須興建一座廟宇，但朱拉隆功卻將經費用在創設泰國境內的第一所大學，也就是今日最高學府朱拉隆功大學。除了設大學外，另外，他也蓋了博物館、圖書館及第一所郵局。

朱拉隆功打破泰國國王不能出國的傳統，親自前往歐洲訪問，積極與西方世界交流，雖然如此，他仍堅持佛教是泰國的國教，保留傳統文化，因此東南亞各國中，泰國是將東方文化保持得最好的國家之一。

　　直至今日，泰國人仍然尊稱朱拉隆功是泰國英明的大帝，他積極建設泰國，引導國家走向現代化，是泰國歷史上最偉大的君王。

關於 朱拉隆功 Chulalongkorn（1853 – 1910）

　　為拉瑪五世。從小精通外語，讓泰國在英法夾擊的國家處境中，保有國家主權，是當時東南亞沒被英法列強殖民的國家。執政 42 年期間，廢除奴隸制度、創設學校、積極出訪歐洲，奠定泰國邁向現代化國家的基礎。

快跟著 Super 導遊一起認識泰國！

泰國 世界第一 之旅

國家首都	曼谷
飛行時間	3 小時 45 分鐘
當地時間	臺灣－1 小時
國土面積	臺灣 149 倍大
貨　　幣	泰銖 THB（฿）

曼谷

佛寺數量世界第一

　　泰國是宗教自由的國家，但全國有 90% 以上的人口信奉佛教，連國王都規定必須是佛教徒。首都曼谷有大小 400 多座佛寺，堪稱是世界上佛寺最多的地方，所以，泰國又被稱為「千佛之國」。

　　玉佛寺、臥佛寺、金佛寺是泰國最有名的佛寺，稱為泰國三大國

到泰國皇宮遊玩，
可以坐觀光大象參觀。

寶。 玉佛寺是專供國王舉行宗教儀式的佛寺，泰國人認為玉佛寺的玉佛是鎮國之寶，無論是政府官員組閣或平民百姓生活的大小事，都得到玉佛寺祭拜祈禱。

擁有 200 多年歷史的臥佛寺，是泰國最古老的佛寺之一，佛寺中供奉長 46 公尺，高 15 公尺的臥佛外，還收藏過 1000 尊以上的佛像和佛塔，所以，又被稱為「萬佛寺」。金佛寺，因佛寺內供奉了高 4 公尺的金佛而得名，據說，金佛寺由三位華人集資建成，所以又稱為三華寺或三友寺。

參觀泰國的佛寺，不能穿著拖鞋、短褲或短裙，如果在佛寺許了願靈驗之後，一定要記得還願！

參觀寺廟時不可以
露出腿和腳趾呵！

稻米出口量世界第一

　　泰國擁有 5 千多年的種稻歷史，泰國米的出口量是世界第一，因古時泰國叫暹邏，所以，生產的稻米又叫做暹邏米。暹邏米的特色就是米粒細長，口感較硬。

　　泰國米中最有名的就是茉莉香米，曾 5 年拿下「世界最好大米」的冠軍紀錄，為了栽種出好米及增加產量，泰國政府在 2005 年還成立了國家稻米辦公室，專責研究泰國米的改良與宣傳，提高稻米產量。

永遠的國王「蒲美蓬」

　　1946 年，泰王蒲美蓬（Bhumibol Adulyadej）登基，在位期間長達 70 年，在泰國擁有相當崇高的地位，2016 年 10 月過世，舉國陷入悲慟，政府宣布為期一年的國喪，直到 2017 年 10 月才舉行 5 天的喪禮及火化儀式。

　　整個葬禮估計耗費 27 億元臺幣，其中包括了高 50 公尺，興建 8 個月，耗資 9 億元臺幣，建築規模直逼皇宮的火化亭。送葬隊伍所到之處，沿路兩旁跪滿身穿黑衣的民眾，神情哀淒，即使蒲美蓬已離世一年，人們對他仍有深厚的情感及懷念。

潑水節由來

　　潑水節在泰國被稱為「宋干節」，從每年 4 月 13 日開始一連 3 天。宋干節就是泰國人的春節，除了泰國外，緬甸、寮國和柬埔寨也會慶祝這個節日。

　　潑水節的由來，據說是傣族的人民原本生活富足安定，但有一天來了一個魔王危害百姓，讓人民無法耕作。傣王與 7 個女兒都非常憂心，於是最聰明的小公主獻計：想利用魔王熟睡時殺了他。7 姐妹就一起行動，砍下魔王的頭，這時魔王的頭突然著火，公主們急忙找水滅火。後來，人民重回原本安居樂業的生活，為了感念公主們的英勇行為，就以潑水當作風俗，流傳至今。

　　現在，宋干節潑水有去舊迎新的意味。也有一些地方會與佛教活動結合，象徵人們可以征服乾旱、火災等願望。

　　潑水節潑水的方式，因對象不同，方式也不一樣，年長的長輩，只能用葉子蘸水，輕輕灑幾滴。如果是年輕人，那就能瘋狂大潑水了，被潑的人千萬不能閃躲，因為這樣可是會躲掉福氣的呵！

原來潑水節的由來這麼有趣～

泰國大象

　　泰國的氣候和地理環境非常適合大象生存，象在泰國的地位，就像中國人看待「龍」一樣。為什麼泰國人會這麼喜歡大象呢？據傳，古代有位泰國國王曾騎著大象去打仗，結果凱旋而歸。之後，大象就被視為幸運吉祥的動物。在泰國歷史上，大象的確是身經百戰的「功臣」，除了打仗外，大象也為泰國人的生活提供了許多便利，像是搬運木材，吸引觀光客等。大象對泰國人而言，有著重大的意義，也是泰國人最喜愛的動物。

水果之王——「榴槤」

　　泰國有「水果王國」的美稱，能吃到各式各樣好吃的水果，其中，以「榴槤」最為有名。它的果肉肥厚、外形像奶油蛋糕，容易有飽足感，吃多會引起燥熱。榴槤有種特殊而濃烈的氣味，喜歡的人會認為它是天下第一美味，但也有人受不了它的味道，所以，許多大眾運輸工具或公共場所，都不允許攜帶榴槤，即使在泰國也是如此呵！

水果之后——「山竹」

　　泰國街頭隨處可見紫紅色的山竹，掰開深紫色的外殼，就能品嘗裡面白色甜美的果肉。山竹可以生吃，也能入菜。山竹是對於環境要求很嚴格的水果，種植10年後才能結果。山竹含有特殊物質，能清涼解熱，並緩解吃榴槤而引發的燥熱。在泰國，人們稱榴槤和山竹為「夫妻果」。

為什麼各國都關注環境議題？

　　「東京議定協議書」、「氣候高峰會」等國際間許多與環境議題相關的會議，都是各國領袖為了地球的未來而召開的，目前地球面對的環境難題一籮筐，像是空氣汙染、海洋垃圾、地球暖化、極端氣候、物種消失等等；這些問題對於人類的生存、經濟發展都會產生極大的影響，想解決這些難題並不容易，絕對無法靠單一國家的力量扭轉，只有各國齊心協力，才有可能紓解地球發燒的大問題！

地球暖化會對人們造成什麼影響？

　　工業革命之後，人類的生活形態和經濟發展產生巨大的變化，工廠林立、貨物大量生產，使得人們的生活越來越富裕，但繁榮的工商業經濟，伴隨而來的是環境汙染，其中，大量的二氧化碳不僅造成地球暖化，也導致極端氣候產生。

　　北歐各國創下夏季高溫、美國寫下冬季歷史低溫、日本降下暴雨等，各

國的氣象紀錄不斷被改寫，氣象專家表示極端氣候已經成為生活常態，它不僅讓人們的生命財產受威脅，也影響了動植物的生存，酷暑寒冬造成作物歉收，甚至物種消失，自然界的生態平衡將會被破壞，而人類也會因為糧食或水的短缺，引起爭奪資源的戰爭。「地球暖化」所帶來的嚴重後遺症，各國可都不敢輕易忽視。

如何降低碳排放量？

「降低碳排放量」是目前全球各國努力的方向，氣候高峰會中以「抑制全球暖化」為主題，目標是減少二氧化碳、臭氧、甲烷等溫室氣體排放，希望 2100 年，全球氣溫上升不會超過 2 度。

該如何減少碳排放量呢？改革能源政策是許多國家的共識，首要是避免使用火力發電，因火力發電產生的二氧化碳相當驚人，多利用少汙染的能源，如生質能、太陽能、風力發電等。除此之外，政府也應制定政策，鼓勵大型工廠改善設備，或研發更多具環保標章商品，減少碳排放量。

小朋友，你可以怎麼做？

隨手關燈、少開冷氣、吃當地食物等，這些小朋友舉手之勞的「小事」，對於地球來說可是很重要的「大事」喔！

想要解決地球所面臨的環境問題，每個人都應該盡份心力，可以從食衣住行等方面著手，選擇在地食物，減少食物被運送時所排放的廢氣、穿著涼爽透氣的衣服、降低開冷氣的次數、多搭乘大眾運輸工具、做好衣服、紙張及瓶罐回收等，可減少溫室氣體排放。小朋友，你可以努力把這些小細節變成生活好習慣，一起成為愛護地球環境的好公民。

緬甸ㄇㄧㄢˇ ㄉㄧㄢˋ Myanmar

中南半島佛教徒，
人口眾多主農務，
翁山蘇姬倡民主，
袖木沙龍受矚目。

翁山蘇姬

　　翁山蘇姬的父親翁山將軍帶領緬甸脫離英國獨立，被尊稱為緬甸國父。在她 2 歲時，父親不幸被政敵刺殺身亡，全靠母親獨立撫養長大成人。大學畢業後，翁山蘇姬到英國深造，進入聯合國工作，與先生和兩個孩子在英國過著幸福的日子。但平靜的生活，卻在 1988 年發生了變化……

「前兩天我跟母親聯絡，發現她病得很嚴重，我想回緬甸照顧她。」
「沒問題，你應該這麼做。」
「等母親病好了，我立刻回來。」

　　1988 年，翁山蘇姬返回緬甸時，反政府運動正如火如荼展開，學生發起和平抗議行動，但軍方卻派出軍隊鎮壓，此舉引起全國大騷動，除了四處頻傳的抗議行動外，翁山蘇姬也發現緬甸在軍事統治下，從前的亞洲糧倉已變成民不聊生的國家。

「為什麼故鄉全變了樣？」

　　在人民反政府運動中，翁山蘇姬發現許多精英人士被捕，她認為自己不該置身事外，她必須為緬甸的民主運動而努力。於是，原本計畫探望母親後返回英國的翁山蘇姬，決定留在緬甸。

　　翁山蘇姬創立了「全國民主聯盟」，成為領導人；並在 1990 年緬甸全國國會大選中，獲得了 8 成

的席次，翁山蘇姬對於這樣的結果，相當開心。

「我們不能讓民眾失望，要讓緬甸更民主，人民過更好的生活。」

雖然「全國民主聯盟」獲得 8 成的席次，但是軍政府卻拒絕交出政權，同時間，翁山蘇姬遭到了軟禁；1991 年引起國際關注，翁山蘇姬獲頒諾貝爾和平獎，卻無法出席，因此由她的兒子代為領獎。直到 1995 年，她才獲得釋放。

1995 年的聖誕節，翁山蘇姬終於與多年未見的先生在緬甸見面。1997 年，她接到丈夫病重的消息，雖然緬甸軍政府批准翁山蘇姬返回英國，但翁山蘇姬遲遲不敢行動。

翁山蘇姬擔心離開後，軍政府會阻止她再次入境回到緬甸。經過思考後，她決定留下，也因此沒見到丈夫最後一面，甚至連喪禮都無法參加。

為了緬甸的民主運動，翁山蘇姬從未放棄，即使她曾多次遭到軟禁。2012 年，她成功當選緬甸國會下議院議員，2013 年，獲得推選連任全國民主聯盟黨主席，2016 年進入政府內閣，擔任外交部長及總統府事務部長。直到現在，她仍在為緬甸民主及百姓生活而努力。

關於 翁山蘇姬
Aung San Suu Kyi
（1945 － ）

翁山蘇姬是緬甸國父翁山將軍的女兒；現任緬甸國務資政、外交部長，全國民主聯盟主席。為了推翻緬甸軍政府的專制，爭取民主自由，期間她被軍政府監控或軟禁於其寓所，斷斷續續長達 15 年的時間。1991 年獲得諾貝爾和平獎。2017 年緬甸針對少數民族羅興亞人發生種族屠殺事件，翁山蘇姬未正面回應，引起國際輿論批評，辜負人權鬥士的美名，爭議持續。

快跟著 Super 導遊
一起認識緬甸！

緬甸 傳統造形特色 之旅

國家首都	奈比多
飛行時間	4 小時 20 分鐘
當地時間	臺灣－2 小時
國土面積	臺灣 18.7 倍大
貨　　幣	緬元 MMK

萬塔之城——蒲甘

　　蒲甘曾是緬甸歷史上最強盛的王朝，因保留許多佛塔，加上日出、日落美景，目前仍吸引許多遊客造訪。緬甸人是虔誠的佛教徒，許多人畢生最大的願望就是捐獻一座佛塔，因此，蒲甘擁有各式各樣的佛塔、佛寺，最高紀錄曾有 400 多萬座，因此蒲甘又被稱為「萬塔之城」。

　　絕大多數的佛塔禁止攀爬，但瑞山都塔例外，它擁有蒲甘最美的日出風光，因此每到日落時，總吸引不少攝影愛好者聚集卡位拍照。若想要欣賞蒲甘佛塔，搭乘熱氣球是不錯的選擇，但只在每年 10 月至隔年 3 月開放。

仰光大金寺是緬甸境內最神聖的佛塔，
收藏佛陀遺物有釋迦牟尼佛的 8 根頭髮。

佛塔對緬甸來說是相當
重要的文物資產呵！

沙龍

緬甸因為天氣炎熱，所以，無論男女都會穿著像沙龍的服飾，男性的服飾稱為「籠基（Longyi）」，女性的服飾則叫「特敏」。

雖然男女生看起來都是用一條布圍住身體，但還是有些不同喔！女性大都選擇色彩鮮艷，圖形複雜的布料，而男性的布料則是色彩素淡、圖案簡單。由於籠基也是制服的一部分，所以，有時看顏色也能知道穿著者的身分，像中小學男生都穿綠色籠基。除了顏色和花樣不同外，連圍法都不太一樣，通常男性是將布料兩邊各拉一角，然後正面扭成球狀，而女性則是扭成帶狀。

穿著這種服飾不僅涼快，同時也相當方便，女性沖涼沐浴時，只要將布料圍到胸口，就能在太陽底下沖涼。現在，還有不少緬甸人會穿著這樣的服飾，男人們穿著筆挺的襯衫配籠基，算是半正式的服裝；女生則是配上合身的上衣，搭配色彩繽紛的特敏，展現女人風情。

人字拖

緬甸有三多，分別是佛寺多、佛塔多與和尚多，全國有 80％以上的人口信奉佛教。緬甸人民相當虔誠，他們一有空就會到佛寺裡拜佛、坐禪。在緬甸，進入寺廟燒香拜佛是有規矩的，其中一項就是不能穿著鞋襪，因此，為了進入佛寺方便，緬甸不分男女，不分場合都喜歡穿夾腳的人字拖。後來，甚至連國宴上或其他的重要場合，大家也習慣穿人字拖出席呵！

坦那卡

　　走在緬甸街上，常會看到男女老少在臉上塗上坦那卡（thanaka），坦那卡就是香木粉，是用黃香楝樹的植物製成的。黃香楝樹、檀香樹和樟樹一樣氣味芬芳，塗抹在身上具有防曬、保濕、消毒、防止蚊蟲叮咬等功能。

　　緬甸人無論是工作、在家、上學或參加佛教典儀，都習慣在臉上、身體塗抹香木粉。有些人還會用小牙籤在塗了坦那卡的臉上，勾勒出各式各樣特別的圖案，甚至利用葉子將香木粉轉印在臉上，當香木粉乾燥後，顏色會呈現明顯的米黃色，形成獨特的圖案。

好有趣的穿著打扮！

緬甸缺電問題

緬甸境內擁有豐富的水力資源，絕大多數電力也都仰賴水力發電，但因水力發電建設無法配合經濟快速發展需求，所以，在緬甸生活發生缺電或停電是稀鬆平常的事。因常缺電，所以不少廠商自行準備發電機設備，而一般民眾則是購買太陽能 LED 燈具。白天時，將燈具在太陽光下照射半小時至 1 小時，夜間用電就不用擔心了。

緬甸人只有名沒有姓

緬甸人只有名字，沒有姓，但旁人卻能從尊稱區別出這個人的年齡和性別。緬甸男子成年之前向別人介紹自己時，往往會在名字前加一個「貌」字，有時為了表示親近，長輩稱呼男性晚輩時，也會在他的名字前加一個「貌」字。

稱呼平輩或者年輕的男性時，會在他的名字前加一個「哥」字；如果年齡再大一點，或是擁有社會地位者，人們就會在他的名字前加上「吳」字。

稱呼年輕或平輩的女性，會在女生的名字前加上「瑪」字，如果稱呼年長的婦女，人們會在她的名字前加一個「杜」字，表示尊敬。

緬甸人非常重視給孩子命名這件事，小孩出生後的第七天到第十四天內，家長會選擇良辰吉日，為小孩舉行隆重的命名儀式。

生活萬花筒 / 伴手禮

緬甸國木——柚木

　　柚木是世界上公認最好的地板材質，木材堅韌，又含有油脂，非常適合造船和做家具，許多豪華宮殿和高級別墅、豪華遊輪都會選擇柚木做為裝潢材料。緬甸的柚木產量占世界總量的70%，所以，緬甸又稱為「柚木之國」。但因目前採伐情況嚴重，緬甸政府已經決定適時停止柚木產品生產，同時減少硬木採伐量，必須加工成板材才可以出口，柚木可以說是緬甸的國寶。

緬甸翡翠

　　大家常聽到的緬甸玉就是緬甸翡翠，也有不少國家也生產翡翠，但無論質地或數量都比不上緬甸。瓦城（曼德勒 Mandalay）是世界最大的翡翠市場。翡翠的種類和顏色分為許多種，顏色以白色、黑色、黃色、綠色、紅色、紫色為主，其中，綠色翡翠因為色澤美麗、適宜各種年齡層配戴，因此大受歡迎。根據估計，緬甸的翡翠貿易額每年約80億美元（占國民生產總值的20%）。

越
世
南
ㄋㄢˊ
Vietnam

中南半島的國度，
法式建築引注目，
餐餐桌上有魚露，
水上木偶戲真酷！

胡志明

　　越南國父胡志明一生擁有許多名字，他的本名是「阮必成」，後來取名為阮愛國、胡志明，另外，在不同的場合中，他曾化名為阿三、胡光、李瑞、秋翁。

　　胡志明出生於1890年，當時越南由法國統治。還是學生時，胡志明就參加秘密的反法活動。畢業後，他擔任教師工作，1911年，他到商務遊輪當廚師助手，遊歷過許多國家，靠著做雜役工、旅館侍者、園丁、燒鍋爐工人過日子。

「麵粉的比例不對，重新再做一份。」
「是！我立刻調整。」

　　在英國時，胡志明還接受過西點麵包師傅的訓練。深具語言天分的胡志明，因各國生活經歷，因此精通中、法、英、俄、泰、越語，海外的所見所聞，也讓胡志明更加渴望越南的獨立自主。

　　1919年，凡爾賽會議召開，胡志明將自己取名為阮愛國，代表在法國的越南愛國者，遞交了一份備忘錄，要求法國政府承認越南人擁有獨立權，但這樣的舉動並沒獲得重視。後來，胡志明加入法國共產黨，創立了越南共產黨，領導越南獨立同盟會。

　　二次世界大戰期間，胡志明領導越南同盟會，反對統治越南南部的法國維希政府和日本的侵略。1942年，他到中國和越南抗日革命力量聯繫時，遭當時中國國民黨的地方政府逮捕，監禁一年多。這段期間，他寫下了有名的詩集《獄中日記》；1943年始獲得釋放。

大戰結束後，越南同盟會控制了大部份的越南國土，1945 年，胡志明在河內發表了「獨立宣言」，成立東南亞第一個共產國家「越南民主共和國」，胡志明被推派為政府總理。1954 年的日內瓦會議，以北緯 17 度為界，將越南分為南越及北越。

「我絕對不能讓國家分裂。」

1959 年，胡志明派人在南越組織游擊隊，展開統一越南的戰爭。雖然這場戰役的主戰場在越南，但美國、韓國、中國、蘇聯也參與其中，胡志明靠著隱蔽的熱帶叢林地形，開闢了滲透南越及對抗美軍水陸系統的「胡志明小徑」，靠著這條游擊之路，不僅順利的補給南方槍枝、彈藥、糧食，也成功發動了攻擊。

「我希望能把我的骨灰撒在越南北、中、南的高山上。」

1969 年，越戰還未結束，胡志明卻因心臟病逝世。臨終前，他表達了自己的遺願，但因當時局勢緊張，並無法如願。胡志明的遺體被保存在水晶棺木內，直到 1975 年越戰結束後，越南統一，棺木才被移入河內陵寢。為了紀念胡志明，越南政府將當時首都「西貢」更名為「胡志明市」，並尊稱他為「越南國父」。

關於 胡志明
（1890 – 1969）

胡志明有「越南國父」的美譽，出生於越南的農村，接受法語教育，創建越南共產黨，領導越南爭取獨立自主，成為東南亞第一個共產主義的國家。經歷長達 60 年的革命旅途，《獄中日記》成為研究胡志明思想的重要著作。

快跟著 Super 導遊一起認識越南！

越南 在地美食 之旅

河內

國家首都	河內
飛行時間	3 小時 10 分鐘
當地時間	臺灣 +1 小時
國土面積	臺灣 10.4 倍大
貨　　幣	越南盾 VND（đ）

充滿殖民風情的胡志明市

　　胡志明市原名西貢，在南北越分治時期，曾經是南越首都（北越首都為河內），目前是越南最大城市，為經濟、貿易、交通及文化中心，人口超過 900 萬人。胡志明市擁有許多古蹟建築，是觀光客必遊景點。

　　胡志明市中心的郵政總局（Saigon Central Post Office），是法國殖民時的第一間郵局，整座建築充滿法式風情，郵局另一邊是胡志明市最大教堂：西貢聖母聖殿主教座堂（Notre-Dame Cathedral Basilica of Saigon），建

越南下龍灣，被列為世界遺產，是越南最受歡迎的旅遊景點之一。

築外觀是法國羅曼式建築，建材與外牆紅磚都來自於法國。另外，1876年完成的耶穌聖心堂（Church of the Sacred Heart of Jesus），是一座羅馬天主教教堂，20世紀擴建裝修工程中，重新粉刷為粉紅色，「粉紅教堂」成了超受歡迎的拍照打卡景點。

胡志明市有「東方巴黎」的稱號呀！

美味的祕密武器——魚露

200 多年前，魚露就是東南亞國家餐桌上重要的佐料，無論煮湯，還是炒菜，越南人都少不了它。據説任何食物只要蘸點魚露，都會變得美味加倍。製作魚露，得先把新鮮的小魚用鹽醃漬，再加水熬煮成糊狀，經幾次過濾留下魚汁，魚露就完成了。

每個越南家庭都有家傳製作魚露的方法，魚露和橄欖油一樣分初榨和再榨，以濃度分不同度數，最常見有 25 度、35 度、40 度和 60 度，度數越高表示濃度越高，蛋白質含量也越高，鮮味也越濃。根據研究指出，魚露含有豐富胺基酸、蛋白質和維他命 B12 等，除了營養成分豐富外，魚露也是越南婦女身裁窈窕的「祕方」，據説多吃魚露還能保持青春體態呢！

從貴族落入民間的春捲

　　早期，越式炸春捲是皇室貴族才能享用的豪華料理，因料理方式繁覆，只有在特殊場合，如新年或婚禮才吃得到。當時法國人嘗到這道菜後，稱它為皇家餡餅。後來，越式炸春捲不再是皇室的特權，餐廳或路邊攤都能品嘗得到。

　　越式春捲分為生春捲和炸春捲兩種，外形看起來和中式春捲相差不多，事實上，兩者還是有相當大的差異，越式炸春捲是以米紙作為餅皮，不像中式是以麵粉皮為主；另外，餡料部分也因當地盛產農作物不同而不一樣呵！

為什麼許多越南人都姓阮？

　　「阮」是越南的第一大姓，有高達 40% 以上的人都姓阮。越南的名字是由姓、中間名和名所組成，由於姓太過普遍，而可做為中間名的字數量又有限，所以，越南人都習慣以最後一個字來稱呼對方，像阮晉勇總理，人們就稱為他勇總理。

　　為什麼絕大多數的越南人都姓阮呢？其實，跟歷史發展有關。1232 年，越南李朝滅亡，陳朝建立，當時的國王為了避免國民懷念李朝，所以，強迫所有姓李的人都改姓阮。1887 年，法國人統治越南，由於當時許多民眾沒有姓，統計上相當不便，於是，法國人給沒有姓的越南人當時最常見的姓——「阮」，幾次的動盪下來，「阮」姓的人數就越來越多，最終成為越南第一大姓。

道地的越南美食
一定要品嘗呵！

庶民美食越南河粉

　　越南河粉是越南平民美食，起源於 20 世紀初越南河內一帶，以牛骨和牛腿、牛雜、牛腩等食材熬出濃郁湯頭後，再加上清燙牛肉，以及豆芽、香菜、九層塔與檸檬等佐料，就是一碗美味的越南河粉。北越與南越的河粉口味並不相同，南越河粉配料多、調味重，甚至還會將蝦醬加入湯中，相較之下，北越河粉的味道清淡許多。

　　現在幾乎全球都能吃到越南河粉，為什麼？因為 60 年代戰爭，大量越南難民流落海外，為了在異鄉過日子，越南難民紛紛開起越南餐廳，因為如此，世界各地才有機會品嘗到美味的越南河粉。

生活萬花筒／伴手禮

越南長衫

　　「長衫」是使用絲綢輕軟的布裁剪而成的，雖然它的款式和中國旗袍類似，卻從腰部以下開高衩，然後再配上同花色或白色布料的寬鬆長褲，這麼一來，不管是蹲、坐或騎車都很方便。隨著西化的關係，越南女子穿著「長衫」的機會越來越少，目前只有少數正式場合，像結婚慶典或選美等，才有機會穿著越南的傳統服飾。

千年傳統「水上木偶戲」

　　越南的「水上木偶戲」擁有千年文化，「水上木偶戲」顧名思義就是木偶在水池上表演，為了讓木偶順利演出，操偶師得長時間浸泡在水中操縱木偶。水上木偶戲是全世界獨一無二的，也是越南人的驕傲。到越南觀光旅遊，千萬別錯過水上木偶戲呵！

越南咖啡

　　法國統治越南期間，引進咖啡豆種植，從此開始了越南與咖啡的淵源，越南每年咖啡出口量，僅次於巴西，是世界第二大咖啡出口國。

　　由於品種緣故，越南咖啡香味醇厚，有較重苦澀味，除了口味外，越南滴漏沖泡法也是獨一無二。越南咖啡屬於平價消費，街頭處處可見擺放簡易座椅的咖啡攤。

東ㄐㄢˇ埔ㄆㄨˇ寨ㄓㄞˋ
Cambodia

戰事烽火民生苦，
經濟發展待起步，
世界遺產吳哥窟，
各地遊客多無數。

旺莫利萬

「我要到法國念法律，將來成為一名律師。」

1946 年，旺莫利萬取得海外獎學金，決定前往法國索邦大學（Sorbonne Université）修讀法律。沒想到，他在羅馬法考試中，因為拉丁文部分不及格，只好轉到了美術學院學習建築，而這個決定改變了柬埔寨的建築史。

1956 年，旺莫利萬學成回國，一年後，尚未滿 30 歲的他，被西哈努克（Norodom Sihanouk）國王委任為首席建築師，從 1957 年到 1970 年，旺莫利萬參與了柬埔寨國內近 100 座建築物的設計，包括了當時東南亞最好的體育館──國家體育中心、獨立紀念碑、國家戲劇院、銀行、啤酒廠、大學等，旺莫利萬試圖把首都金邊打造成最美麗的城市。

親民的西哈努克國王願意給年輕人機會，因此造就了旺莫利萬不凡的成就。有一次，旺莫利萬因為日以繼夜趕工，體力不支而昏倒，當西哈努克國王遍尋不著旺莫利萬時，還派出了軍隊和直升機去尋找他呢！

旺莫利萬學習建築過程中，深受現代建築大師勒・柯比意（Le Corbusier）及傳統柬埔寨古建築影響，他把建築物和周邊環境、陽光、通風融合，而今日崇尚的綠色建築、永久性建築的概念，旺莫利萬早在 60、70 年代時就已提倡。因此被公認為柬埔寨建築界的英雄。

當時政局動盪不安，旺莫利萬的建築特色並沒獲得太多人的青睞，1971 年，他跟家人甚至被迫流亡海外，在國外期間，旺莫利萬為

聯合國工作，幫助發展中國家興建房屋。

「真是太好了，我們終於可以回家了！」

　　結束 20 年的海外流亡，旺莫利萬終於回到了金邊，但家鄉已不再是他熟悉的樣子。1963 年，為了亞洲運動會精心設計打造的國家體育中心，曾經是旺莫利萬引以為傲的成就，但沒想到洪森（Hun Sen）政府及企業任意對待，摧毀他的苦心。

「體育中心的 6 萬個坐位，我使用了一系列複雜的工法，同時為了避免被雨季影響，還精心打造了護城河，沒想到，現在護城河被填平了，我……我再也不想見到國家體育中心了。」

　　不願柬埔寨的文化及傳統被輕忽，1990 年起，旺莫利萬積極參與吳哥窟保護工作。另外，他也關注保護殖民地建築和支持保護 50 至 60 年代現代建築的政黨。而旺莫利萬的建築成就，一直到他晚年才獲得國內外的重視。

「我死後，把房子租出去，租金用來維修和修建博物館。如同吳哥窟受聯合國教科文組織保護，我的房子由我自己決定如何運用，而不是政府。」

　　2017 年，90 歲的旺莫利萬病逝，他被譽為柬埔寨的建築偉人，他所留下的建築物，目前仍受到許多建築師關注，被視為學習和研究的對象。

關於 旺莫利萬 Vann Molyvann（1926 – 2017）

　　曾獲得柬埔寨國王西哈努克國王一次賜予 5 枚「國家建設勛章」的建築師之父，是柬埔寨現代建築的偉人。生於貢布省，參與了境內 100 多座建築物的設計。早在 60-70 年代即融合綠建築、環保建築的概念，把自然陽光、自然通風等設計融入建築主體，晚年更參與吳哥窟古蹟文物的保護工作，是亞洲建築史上的重要人物。

快跟著 Super 導遊
一起認識柬埔寨！

柬埔寨 文化景觀 之旅

金邊
●

國家首都	金邊		
飛行時間	3 時 30 分鐘	**國土面積**	臺灣 5 倍大
當地時間	臺灣－1 小時	**貨　　幣**	瑞爾（Riel）KHR（៛）

吳哥窟

　　柬埔寨的吳哥窟（Angkor Wat）、中國的長城、埃及的金字塔和印尼的婆羅浮屠，被稱為東方四大奇蹟。12 世紀初，吳哥王朝的蘇利耶跋摩二世花了 35 年的時間建造了吳哥窟，當時非常繁華熱鬧，後來外族入侵後，吳哥窟逐漸被遺忘了。

　　14 世紀，吳哥窟被入侵的高棉人發現，16 世紀後才引起歐洲人的興趣，陸續造訪，寫成遊記或是製成畫冊；1908 年起開始修復的工作，70 年代因政局動盪，一度停止。1990 年後才重啟修復的工作。以精美的佛塔和壯觀的石刻浮雕聞名世界，也是世界上最大的廟宇。吳哥窟的佛塔全都是用巨大的石塊堆砌而成，有的石頭重量甚至達到 8 噸多，佛塔上面刻著各種形態的雕像。有資料顯示，吳哥窟不是國王居住的王宮或是宗廟，而是供奉化身為印度教之神的國王，屬於太廟或是陵寢。1992 年，聯合國教科文組織將吳哥窟列入世界文化遺產。

要走完吳哥窟，
需要好好培養腳力呦！

巴戎廟

　　吳哥窟因旅行參觀的範圍大小，又分大吳哥，又名吳哥城（有巴戎廟、寶劍寺、護城河、城門等）、小吳哥（有吳哥寺、塔普倫寺、女皇宮等）。位在大吳哥城中央的巴戎廟（Bayon Temple），由闍耶跋摩七世在位時所建造，是當時朝臣觀見國王的地方。有 54 座四面佛的笑臉被刻在圓塔的頂端，這就是「微笑高棉」。巴戎廟的迴廊壁畫十分豐富，從王宮生活到庶民文化都有。巴戎廟曾經過多次重修、改建和增建，現在的建築是由兩座不同時代和造形的寺廟組合而成的。

　　過去，巴戎廟可能有金箔的緣故，所以呈現金碧輝煌的氣勢，但金箔隨風吹日晒而逐漸剝落，現在巴戎寺已是一片灰濛濛的景象。

塔普倫寺

　　屬於小吳哥的範圍。電影《古墓奇兵》曾在塔普倫寺（Ta Prohm）取景，這是闍耶跋摩七世為紀念母親所興建的寺廟，寺中供奉的智慧女神，據說也是依照他母親的形象所雕塑的。塔普倫寺因長時間隱身於叢林間，寺廟建築早已被樹根攀爬覆蓋，形成獨特的景象。電影上映後，塔普倫寺也掀起了觀光旅遊的熱潮。

飽受貧血所苦的柬埔寨人

柬埔寨經濟不發達，近 70% 的國民每天生活費不到 1 美元，因為物資缺乏，所以，44% 的人罹患貧血，其中 2/3 是兒童。

2008 年，有位加拿大學生克里斯托弗 · 查爾斯（Christopher Charles）到柬埔寨進行傳染病健康研究，他在柬埔寨村落發現當地人因為生活費不足，很少攝取含鐵質的紅肉、綠葉蔬菜或其他食物，平常烹飪也使用鋁鍋做飯，因此罹患缺鐵性貧血比例相當高。

起初，克里斯托弗想利用藥物改善當地人的貧血問題，但昂貴的價格及副作用，讓當地居民相當排斥。後來，克里斯托弗想到製作小鐵魚放入鍋內烹煮，藉此釋放鐵質，魚對柬埔寨人而言是幸運的象徵，所以，當地人接受了這項提議。

克里斯托弗設計的小鐵魚，長度大約 8 到 10 公分，售價 1.5 美元，放入鍋中烹煮後，釋放的鐵質足以提供全家人 75% 的攝取量。目前已經有超過 90% 的柬埔寨家庭，在煮飯或燒水時，會將小鐵魚放入鍋中，這個方法的確有效改善了當地居民缺鐵性貧血的問題。

每一座寺廟的背後都有歷史典故值得探究。

水上人家的生活

洞里薩湖（Tonle Sap Lake）是東南亞第一大淡水湖，是柬埔寨人賴以為生的重要湖泊。旱季時，湖底淤泥可播種耕作，當雨季來臨時，又成為魚兒生長的好環境，洞里薩湖總共有數百種魚類，不少居民以漁業為生。

雨季來臨時，洞里薩湖的湖面面積可達上萬平方公里，因此當地居民發展出船屋或高腳屋的居住方式，可以隨湖面變化搬動屋子。在洞里薩湖上有數個水上聚落，水上學校、水上警察局、水上診所、水上郵局等一應俱全，是名副其實的水上人家。

戰爭後依然有誤觸地雷的威脅

柬埔寨和越南曾經發生過戰爭，雖然戰爭早已結束，但對柬埔寨人來說，惡夢並沒有結束，因為柬埔寨境內仍埋有數以百萬計的地雷，不少人因誤觸地雷，喪失性命或失去手腳。

目前柬埔寨境內 1660 平方公里的土地上，仍散落著地雷和其他未爆炸物，為了避免人民遭受地雷威脅，非營利組織培訓當地人從事拆彈工作，柬埔寨政府也宣示希望 2025 年清除完戰爭遺留下的地雷，由於排雷工作需要龐大資金，柬埔寨政府仍需要各機構或友好國家給予協助。

生活萬花筒／伴手禮

貢布胡椒

　　柬埔寨南方所生產的「貢布胡椒」，過去被稱為「胡椒之王」，是歐美高檔餐廳必備的佐料。雖然這種胡椒曾經因為柬埔寨政局動盪而停產，不過，現在又重出江湖了。柬埔寨的「貢布胡椒」已被正式列入一項精英美食清單，受到歐盟的認證和保護。

令人大開眼界的柬埔寨美食

　　走入柬埔寨傳統市場，處處可見各式各樣的蟲蟲大餐，有炸蟋蟀、蟑螂、蟲蛹、炸蛇、炸蜘蛛等。對於當地人來說，這些可都是美味的佳餚點心，除了蟲蟲大餐外，「鴨仔蛋」也是柬埔寨人相當普遍的菜餚，就是將孵了 15 天到 18 天快孵化成小鴨的鴨蛋用開水煮熟，然後敲開蛋殼，加入鹽等調味，以小湯匙挖來吃，吃的時候，還可以見到小鴨的骨骼或羽毛，據說，這是道營養價值很高的食物呵！

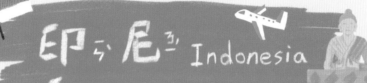

印ㄧㄣˋ尼ㄋㄧˊ Indonesia

千島之國動物多，
用手抓食不用愁，
染布工藝拔頭籌，
文化美景好旅遊。

蘇卡諾

13 世紀前，印尼是由散居各島嶼之間的小國所組成。到了 17 世紀，印尼成為荷蘭的殖民地，1602 年成立荷蘭東印度公司。荷蘭人對印尼各地的物產肆無忌憚掠奪，尤其是香料，他們把大量的香料銷往歐洲獲取暴利。荷蘭在印尼的統治直到 19 世紀，長達 300 多年。

蘇卡諾出生於東爪哇的小鎮上，中學時，他寄宿在反荷的伊斯蘭聯盟領導人家中，思想及行為都深受影響，因此，小小年紀心中早已埋下反荷的種子。

「荷蘭人統治下，生活不僅困苦，更沒尊嚴。」

「沒錯！身為印尼人，我們必須成為獨立自主的國家。」

蘇卡諾非常喜歡閱讀革命家的傳記，其中，孫中山和凱末爾（Mustafa Kemal Atatürk，土耳其的國父）帶給他的影響最大，長大後，他積極投身反荷的工作，1927 年，他創立了印尼民族協會，後來更名為印尼民族黨。

擅長演講的蘇卡諾，常經由一場場的演說鼓勵人心，同時，他也積極組織民族政黨聯盟，很快的，他成為領導印尼人反抗荷蘭的領袖。

「我們有權過更好的生活，不努力

的話，只能坐以待斃！」

「沒錯！我們該做點什麼。」

「大家要一起努力！」

　　眼看人民反荷的情緒越來越高漲，荷蘭人再也無法容忍，於是，派士兵將蘇卡諾關進牢獄。二次大戰期間，日本發動太平洋戰爭，成功登陸西爪哇，荷蘭總督被迫簽訂投降書，從那時開始，印尼的統治者，從荷蘭人轉為日本人。

　　日本高壓統治的方式，引起印尼人民的反抗，後來，為了平息接二連三的抗日活動，1942 年，日本政府答應釋放蘇卡諾。但印尼人並不因此滿足，他們仍然極力爭取獨立，持續抗日活動，此時，蘇卡諾與日本合作，最終促使日本人同意印尼獨立。

「太好了！印尼人終於有了自己的國家。」

　　1945 年，蘇卡諾與哈達向全世界發表「獨立宣言」，成為了印尼第一任總統，展開長達近 20 年的統治。1965 年爆發「930 事件」軍事政變，蘇哈托（Soeharto）少將掌握大權，1967 年蘇卡諾被迫下臺。雖然，印尼並沒有因為蘇卡諾的領導而壯大國力，但民眾仍然感謝蘇卡諾在印尼獨立上所做的努力和付出。後來，蘇卡諾的女兒梅嘉娃蒂（Megawati Sukarnoputri）也成為印尼的總統，為人民服務。

關於 蘇卡諾 Sukarno（1901 − 1970）

　　帶領印度尼西亞爭取獨立，是獨立運動的領袖，也是印尼的首任總統，後來雖因軍事政變被軟禁下臺。女兒梅嘉娃蒂因總統瓦希德（Abdurrahman Wahid）被控貪汙，繼任成為印尼第五任總統，任內實現總統全民直選，奠定印尼民主選舉制度的基礎。

快跟著 Super 導遊一起認識印尼！

印尼 文化遺產 之旅

國家首都	雅加達	**當地時間**	臺灣－1 小時	
飛行時間	5 小時	**國土面積**	臺灣 53 倍大	
		貨　　幣	盧比或印尼盾 IDR（Rp）	

雅加達

世界文化遺產「婆羅浮屠」、「巴蘭班南」

　　印尼爪哇島上的古蹟「婆羅浮屠（Borobudur）」是許多遊客指名造訪的景點之一。「婆羅浮屠」是世界上最古老、最大的佛塔群，除了被聯合國教科文組織列為世界文化遺產外，也是世界七大奇蹟之一。

　　相傳西元 8、9 世紀時，印尼的夏連特拉王朝為了收藏釋迦牟尼佛的真身舍利，於是動用大批人力，耗時 75 年，興建了高 42 公尺，階梯狀的金字塔。雕刻了不少佛教故事的婆羅浮屠佛塔，因火山爆發在樹叢裡被隱藏了千年，直到 19 世紀才被發現。

婆羅浮屠與中國的萬里長城、印度的泰姬瑪哈陵
和柬埔寨的吳哥窟並稱為「古代東方四大奇蹟」。

　　距離婆羅浮屠佛塔不遠處的印度神廟群「巴蘭班南」，也是世界文化遺產，據傳是西元 8 世紀左右，為了埋葬當時國王及王后骨灰而蓋的建築物。有人稱它為爪哇最美麗的印度教寺廟古蹟，它也是東南亞最大的印度廟宇。

　　「巴蘭班南（Prambanan）」三座主廟供奉對象是印度教神祇毗濕奴、梵天和濕婆，除了是信仰中心外，「巴蘭班南」高聳的尖頂建築、典型的印度教建築風格，也是印度建築的傑作。

了解宗教歷史更能體會
文化遺產的建築之美。

人類非物質文化遺產「印尼蠟染」

　　「蠟染」是印尼傳統印染技術，許多服飾上都能看到蠟染圖案。17 世紀時，蠟染技術傳入印尼爪哇後，受到許多達官貴人們的喜愛，於是，興建了不少蠟染手工製造工廠。蠟染製作方式是先在織品上使用熱蠟繪出圖案，然後將布浸泡在單一顏色染料中，再用熱開水消除蠟線，重複相同的步驟上色，最後就能完成美麗的蠟染圖案。

　　印尼許多省都擁有特定的蠟染圖案和顏色，像爪哇北岸蠟染布顏色較鮮豔，圖案以花鳥和動物為主，而爪哇中部的顏色較少，幾何圖形占大宗，根據統計，印尼大約有 3000 種蠟染圖案。

　　除了棉質及絲綢服裝能看到蠟染圖案外，連嬰兒背帶、桌布、床罩或袋子，都能發現這項傳統的印染技術。蠟染不僅融入印尼人生活，現在也成為很吸睛的觀光資源呵！

世界文化遺產「蘇巴克灌溉系統」

峇厘島上的「蘇巴克灌溉系統」，興建於西元 9 世紀，由 2 萬多公頃的水稻梯田、水渠、水壩及管理系統中樞的水神廟等建築物所組成。直到目前為止，蘇巴克灌溉系統仍在正常運行，2012 年，聯合國教科文組織將它列為世界文化遺產。

印尼人使用左手有禁忌

在印尼，可別左右手傻傻分不清，不當使用會被視為不懂禮貌的人呵！印尼人認為左手是骯髒的，所以，他們不使用左手傳遞東西或食物。當他人用左手遞東西時，他們會覺得不被尊重，通常只有上廁所、擤鼻涕時，他們才會使用左手。萬一在不得已情況下，一定得使用左手時，記得要說聲「對不起」，以表示歉意。

除了不能隨便使用左手外，印尼人也不用手呼叫別人，他們認為那是非常不尊重他人的行為舉止，也千萬不要用手摸小孩的頭，印尼人認為頭部是一個人的尊嚴，可不能被隨便輕易地對待。

跟印尼朋友相處時，要小心使用「左手」！

峇里島是全球最佳的度假聖地

印尼有 **17000** 多個島嶼，其中以峇里島最為有名。火山帶貫穿峇里島北部，阿貢火山是最高的活火山，當地人奉為聖山，過去火山噴發時，因火山灰直衝天際，在安全考量下，國際機場曾被迫關閉數天。

峇里島曾被雜誌評定為全球最佳度假旅遊的島嶼，島上擁有原始自然景觀、多元的宗教、手工藝文化、觀光休閒產業，因此，每年吸引上百萬遊客前往度假。木雕及蠟染布是峇里島極富盛名的特產，也是觀光客必買的伴手禮。

稀有動物馬來貘

外觀可愛的馬來貘是世界瀕危絕種的動物，目前分布於東南亞的馬來半島、印尼蘇門答臘、泰國等地，數量只有 **3000** 多隻。

馬來貘可不是生下來就一半黑、一半白，剛出生時是深棕色的毛，毛上還有白色條紋和斑點以做保護，6 個月後，毛色就會漸漸變成白黑各一半。馬來貘的視力並不好，只能依賴嗅覺和聽覺行動，一般而言，馬來貘的體長大約是 **1.8** 公尺到 **2.5** 公尺，體重約為 **230** 公斤至 **310** 公斤。

生活萬花筒 / 伴手禮

香蕉吃法多樣

　　位置於熱帶的印尼，盛產各式各樣好吃的水果，尤其香蕉的品種多達幾十種，不同品種的香蕉，吃法也大相逕庭，有的適合生吃、有的拿來入菜，烹調方式有油炸、碳火烤等等，如果你是香蕉控的話，來到印尼，一定得來試試呵！

用手吃飯樂趣多

　　印尼是宗教自由的國家，但超過 80% 的印尼人都信奉伊斯蘭教，由於穆斯林（伊斯蘭教徒）不使用刀叉進食，而是以手抓取食物，所以，許多印尼人也喜歡以這種方式進食。用手抓飯吃是有技巧的，首先，先把米飯盛在盤上，然後再用右手將飯捏成小圓球狀送到嘴裡，飯桌上同時也會放上一碗清水，邊抓飯邊用手指蘸清水，這麼一來，就可以避免米飯黏在手指上，吃得既乾淨又優雅！

酪梨汁養生招牌飲品

　　酪梨汁是峇里島的招牌飲品，濃稠的綠色酪梨汁淋上巧克力醬，不僅色澤吸睛，風味也相當獨特。酪梨生產於熱帶氣候地區，料理方式多樣化，由於擁有優質脂肪，許多人視為健康養生的食物。

馬來西亞
Malaysia

不同種族風情多，
生態豐富來探索，
品嘗美食滋味夠，
馬來半島最大國。

叻沙醬 Laksa Paste

東姑阿都拉曼

馬來西亞有不少公共建築物，像國家公園、大樓或道路，都是以第一任首相東姑阿都拉曼的名字來命名，他是「馬來西亞國父」。馬來半島曾被幾個王朝及英國統治過，直到東姑阿都拉曼才結束殖民時代，建立新國家——馬來西亞。

1903 年，東姑阿都拉曼出生於馬來半島北部的吉打州，他的父親是吉打州的統治者（蘇丹），東姑阿都拉曼在家中排行老七，並沒有皇室繼承權，雖然居住在皇宮內，但他常常會跑到宮外，和一般兒童玩耍。

「你的身分和那些平民孩子不同，你不該跟他們一塊嬉鬧。」
「可是和他們在一起，我覺得很開心。」
「我不准你再這麼做了。」

母親極力反對東姑阿都拉曼的行為，但因無暇管教，所以，他還是常常與平民孩子互動。16 歲那年，東姑阿都拉曼獲得獎學金到倫敦學習，除了念書外，他也與不同種族的人成為好朋友。

「咦？怎麼都沒看到東姑阿都拉曼？」
「你放心！他絕對不會缺席的。」

喜愛踢足球的東姑阿都拉曼，因為帶球跑步速度快，所以，他定期為球隊效力，和隊友們踢球比賽。另外，他也和學院裡的大廚成為好友，教他烹煮馬來西亞的米飯和咖哩。取得文憑後，東姑阿都拉曼回到了吉打州政府工作。

當時包括了馬來半島、新加坡、沙巴、沙勞越都是英國的殖民地，東姑阿都拉曼希望能擺脫他國

統治，而成為獨立自主的國家。因此，他主導了「獨立馬來亞」的政治運動，英國政府終於在 1957 年 8 月 31 日同意馬來半島獨立自治。8 月 31 日成為馬來西亞獨立日。

「默迪卡！默迪卡！」（默迪卡是馬來語「獨立」的意思）

東姑阿都拉曼成為馬來西亞的第一任首相，之後，他領導執政聯盟在 1959 年和 1964 年大選中，獲得壓倒性的勝利。馬來西亞由馬來人、華人、印度人及其他民族所組成，東姑阿都拉曼堅持多元種族，公平對待不同族群，但也因此樹立了許多敵人，「513 事件」後，情況更加惡化嚴重。

「首相把我們賣給了華人。」
「他沒有站在我們的立場，為我們著想。」

東姑阿都拉曼的主張，遭到馬來人指控，1969 年，馬來西亞大選，華人代表在選戰中落敗，反華、擁華兩派民眾爆發激烈衝突。

後來，即使動用大批警力，仍然造成 20 幾名華人喪生，這就是「513 事件」。

「我希望馬來西亞成為獨立自主的國家，怎麼造成這樣的局面？」

1970 年，東姑阿都拉曼辭去首相職位，退休後，他大部分的時間都待在檳城。檳城像是他的第二個故鄉，因此，檳城許多地方，都以他的名字命名，也顯現出人民對他的敬重及懷念。1990 年，東姑阿都拉曼與世長辭。

關於 東姑阿都拉曼
Tunku Abdul Rahman
（1903 – 1990）

身為吉打蘇丹的庶子，東姑阿都拉曼 16 歲即到英國留學，最終獲得劍橋大學聖凱薩琳學院文學學士學位。擁有 4 段婚姻，其中一任妻子是他在英國時期的房東 Violet Coulson，當時還引起皇族人士反對。發起主導「獨立馬來亞」運動，使馬來西亞脫離英國殖民，成為君主立憲的獨立國家；亦曾獲得麥格塞塞獎（Ramon Magsaysay Award）的肯定。

快跟著 Super 導遊一起認識馬來西亞！

馬來西亞
國家公園 之旅

國家首都	吉隆坡
飛行時間	4 小時 45 分鐘
當地時間	臺灣相同
國土面積	臺灣 9.1 倍大
貨　　幣	令吉 MYR（RM）

吉隆坡

京那巴魯國家公園

位在沙巴西海岸的京那巴魯國家公園（Kinabalu
National Park），又被稱為神山國家公園，是馬來西
亞最早期的國家公園之一，西元 2000 年被聯合國教
科文組織列入世界天然遺產。

京那巴魯國家公園擁有相當豐富的自然林相及動
植物生態，其中，食蟲植物（如馬來王豬籠草）和蘭
花最為有名，而京那巴魯巨紅蛭、京那巴魯巨型蚯蚓
等在地動物，也是京那巴魯國家公園的重要特色。

京那巴魯神山

東姑阿都拉曼海洋公園是充滿陽光、沙灘的度假聖地，高級度假村林立。

彭亨大漢山國家公園

　　大漢山國家公園（Taman Negara National Park）擁有 1 億 3000 萬年的生態，是世界上最古老的熱帶雨林之一，也是許多鳥類、蝴蝶、昆蟲等動植物的庇護所。大漢山國家公園森林相當繁茂，不容易抵達，也因此較少遭受人為破壞及汙染，除了能觀察種類眾多的野生動植物外，也可安排生態探險活動，像是划獨木舟、叢林徒步、登山、走世界上最長的樹冠走道等。每年 7 月會有「國家公園歡樂 7 月節」活動。

哇！馬來西亞原來有這麼多國家公園！

姆魯國家公園

　　姆魯國家公園（Gunung Mulu National Park）是世界知名的石灰岩洞穴群，沙勞越（Sarawak）最大的國家公園，也是馬來西亞第一個世界文化遺產區，這裡擁有全世界最大的石灰洞穴，被列為世界第八奇景。

　　「沙勞越洞窟」、「鹿洞」、「清水洞」是最有名的洞穴。「沙勞越洞窟」是全世界最大，裡頭的空間可以停放 40 架波音 747 客機；「鹿洞」則是最大的洞穴通道；「清水洞」是東南亞最長的洞穴，棲息了上千萬隻的蝙蝠和金絲燕。

　　除了洞穴外，石林也是姆魯國家公園著名的景點，石林的景色像是刀刃聳立於樹林間，來到姆魯國家公園，可以觀賞蝙蝠、漫步世界最長雨林樹頂吊橋、洞穴探險之旅、欣賞石林奇景等，部分行程必須有國家公園導遊帶領才能成行。

和馬來西亞人做朋友不失禮

　　馬來西亞人大都以問好，或微笑點頭的方式向他人致意，馬來西亞人有種獨特的握手禮，被稱為「薩拉姆」（馬來文：Salam），雙方兩掌輕碰，然後將雙手放置胸前，表示誠心問候之意。

　　有機會到馬來西亞朋友家作客時，記得先以電話通知，進入家中時，除非得到主人的許可，否則得把鞋脫在門口或樓梯口。當主人請客人喝飲料時，基於禮貌，客人應該接受，另外，用餐、遞送或接受物品時，千萬別用左手，因馬來西亞人認為左手是不潔淨的，也別向馬來西亞人敬酒，因為穆斯林占大宗的馬來西亞人是不喝酒的。

生活萬花筒/伴手禮

娘惹糕

　　「娘惹糕」通常由三種不同口味的水果組合而成，除了可口好吃外，娘惹糕的糖和油脂也較低。為什麼會有「娘惹糕」呢？據説鄭和下西洋時，帶了一群宮女到馬來西亞，之後宮女和當地貴族成婚，就是最早的華人移民。之後與當地人通婚所生的混血後裔，男性稱為峇峇（Baba），女性稱為娘惹（Nyonya），應該是華語「阿爸」和「阿娘」等稱呼的馬來語諧音。女孩們因從小受華人和馬來文化影響，她們會利用東南亞常見的水果，像椰子、芒果、香蕉等加入椰奶，製成好吃的糕點，後來，我們就把娘惹們製作出來的東西稱為「娘惹糕」。

叻沙

　　娘惹們研發出來的食物，不只娘惹糕，還有叻沙、酸辣蝦、魚頭和印尼黑果雞等，其中叻沙是最具代表性的。叻沙就是咖哩湯，加入了椰漿、油豆腐、魚丸、蝦子和豆芽菜等配菜，口味相當獨特，也深受喜愛。

錫製品

　　馬來西亞擁有豐富的錫礦資源和世界最大的錫製品工廠，製作的錫製品有酒杯、茶具到相框，錫器既有實用價值，也能成為生活中獨特的裝飾品。

娘惹糕看起來好好吃呵！

為什麼有些國家的兒童無法上學？

　　小朋友，你知道嗎？200 年前的兒童是不需要上學的，因為當時他們被視為勞動者，必須在田裡幫忙耕種。直到普魯士王朝（今德國）情況才有了改變，他認為不該讓孩子們從事務農或其他工作，應該從小培育兒童，讓他們接受教育，當他們日後成為中產知識分子後，國家才有進步的機會。後來普魯士推動了國民教育，果然國力蒸蒸日上。20 世紀後，許多國家也開始紛紛效法，他們深信兒童接受良好的教育，對於提升國家競爭力，絕對有相當大的幫助。

念書為什麼很重要？

　　以農耕為生的人，一旦遇到天災或蟲害，可能會面臨血本無歸的困境，但若擁有其他技能或知識，不僅有機會改善，同時也有可能創造其他工作的機會。

「知識產生力量」，因為知識不僅能翻轉生活，也能改善貧窮，對於國家社會也有相當大的助益，像國家需要產業轉型，需要各類型的人才，若人民沒有接受教育，國家就無法進步、擁有更好的發展。另外，知識也是最寶貴的資產，因為任何金銀財寶都有可能被掠奪，但留存於腦袋裡的知識，不僅無價，也是無人能奪走的。

為什麼兒童會失學？

聯合國兒童基金會統計全球大概有 1 億 2 千多萬名的學齡兒童處於失學狀態，這個數字相當驚人，為什麼這些兒童無法上學呢？其實，造成這種情況的原因眾多，包括有些國家發生內戰或遭遇敵國攻擊，兒童根本無法安心進入學校學習，還有就是經濟不穩定或發生傳染病、飢荒，政府無法提供足夠學校及師資。另外，家庭生活貧困，兒童被迫就業幫忙家計，也是無法上學的原因。

面對兒童失學，聯合國兒童基金會及非政府組織積極介入協助，除了消除阻礙兒童上學的原因外，也在學校的安全、教學品質上著墨，因為單純只增加學校和教師的數量，並無法澈底解決兒童失學的問題。

小朋友，你可以怎麼做？

數據顯示，當全世界的成年人都能完成中等教育，全球 4.2 億的人口就能擺脫貧窮，可見良好教育是改善貧窮問題的好方法之一。因此有不少的組織團體提供許多計畫，協助失學兒童能穩定且安心上學，但是，無論是修建校舍、培訓師資、提供學費補助等，都需要大筆經費。所以，小朋友可以節省下不必要的花費，捐出零用錢幫助世界上的失學兒童，讓他們也跟你一樣能開心學習，另外，也要好好珍惜上學的機會，將來發揮所學，為其他失學的兒童盡份心力！

新加坡 ㄒㄧㄣ ㄐㄧㄚ ㄆㄛ Singapore

星島經濟創奇蹟，
魚尾獅頭真神氣，
嚴法人民守規矩，
花園之國歡迎你。

SUPER 導遊

李光耀

當李光耀 19 歲時，日本人占領了新加坡，因為曾差點被日本人處死，感受過日本帝國的壓迫，所以李光耀強烈反對帝國主義及殖民主義思想。

「沒有自己的國家，殖民地居民的生活只剩下痛苦。」

剛開始，李光耀在許多職業工會擔當代表律師，等有了名氣後，他深入進行反殖民鬥爭。1965 年，在各政黨聯合鬥爭中，新加坡終於贏得自治，脫離馬來西亞聯邦，正式宣布獨立。當時 42 歲的李光耀，成為新加坡建國後的首任總理。

執政後，李光耀接二連三面臨了好幾次危機，像是共產黨威脅、種族動亂、世界經濟消退、石油漲價等等，雖然困境不少，但李光耀一一克服，帶領新加坡朝向更穩定的方向前進。

李光耀治理新加坡長達 30 多年，他不僅實現了國家現代化，也讓新加坡成為新興工業國家，國民平均所得是亞洲國家中的第一名。除此之外，新加坡在他的帶領下，也相當重視法治。

「新加坡地小、人多，又缺乏自然資源。」
「雖然我們似乎什麼都沒有，卻有克服弱點的武器。」
「是什麼？」
「意志力和勞動力。」

做事謹慎小心的李光耀，對內要求安定、對外不樹立敵人，在這樣思維下，新加坡從簡陋的港口城市，搖身一變成為經濟發展神速的國家。新加坡是如何達到國內的安定？「嚴刑峻法」是李光耀的治國法寶。

「法律前人人平等，無論大官還是平民，任何人觸法都該受罰，無人例外。」

各國對販賣毒品者都會予以判刑，但新加坡的刑責特別重。李光耀認為毒販雖沒直接殺人，卻讓成千上萬人吸毒，犯罪惹事，擾亂社會治安，因此，販毒者必須嚴懲。李光耀的嚴法治國，曾引起不少爭議，但他治國的宗旨就是每位新加坡人都能得到好處，所以，即使有人覺得李光耀專制霸道，不認同他的政治理念，但對於堅持的事，李光耀從不動搖。

「若擔心民調升高還是降低，就不是領導人，追著風向跑，看風吹到哪裡就去哪裡，不是我來這裡的目的。」

因為堅決的態度，使得原本髒亂、擁擠、無天然資源的港口小島，搖身成為世界第二大港、亞洲金融中心和國際會議中心。直到現在，新加坡人還是相當感念李光耀的治理。

關於 李光耀
（1923 － 2015）

出生於新加坡的華裔，為新加坡建國的國父，從政 30 多年，獨裁統治，帶領新加坡成為現代化國家，晉身亞洲四小龍，曾被稱為「20 世紀最成功的獨裁者」。大兒子李顯龍 2004 年接任總理一職。

快跟著 Super 導遊一起認識新加坡！

新加坡 亞洲小龍 之旅

國家首都	新加坡	**當地時間**	臺灣相同
飛行時間	4 時 20 分鐘	**國土面積**	臺北市 2.4 倍大
		貨　幣	新加坡元 SGD

新加坡

魚尾獅由來

　　11 世紀時，利佛逝王朝的王子在海上遇上風暴，被吹到島上後，看到一隻像獅子的怪獸，於是，他將那座島改名為「獅子城」，這就是新加坡被稱為獅城的原因。

　　「魚尾獅」於 1964 年由 Van Kleef 水族館館長 Fraser Brunner

金沙飯店（Marina Bay Sands）是改變新加坡城市景觀的娛樂商城，無邊際游泳池是最大特色。

所設計的，是新加坡鮮明的標幟和象徵，融合了獅城傳說、獅子無懼的精神和新加坡島的特色。魚尾獅身像起初只是新加坡旅遊局的圖徵，後來，李光耀總理想把它塑造成立體的雕像，如同美國的自由女神像、義大利的比薩斜塔……，成為聞名全球的標誌，於是，1972 年，由雕刻家林浪新和他的兩個兒子共同完成魚尾獅身像。它座落在新加坡河口魚尾獅公園，高 8.6 公尺是第一座魚尾獅像；1995 年，聖陶沙島又建另一座高 37 公尺，更雄偉壯觀的魚尾獅像塔，成為知名的旅遊地標。

快跟著 Super 導遊一起認識新加坡的著名地標。

擁有「花園之國」的美譽

綠意盎然的新加坡樟宜機場，有 200 多個植物品種，超過 20 萬株的植栽，是全球擁有最多主題花園的機場。新加坡境內花草繁茂，街道兩旁綠樹成蔭，整齊清潔的街道，四處可見小公園，讓人心曠神怡，因此有「花園城市國家」的美譽。

1963 年，新加坡前總理李光耀倡導植樹運動，大規模的綠化工程，不僅改善了生態環境及美化都市，同時降低了都市噪音、廢氣等工業化帶來的汙染。政府有相當健全的城市綠化制度外，也積極加強民眾的綠化教育，對於破壞綠化或影響市容的行為會給予嚴厲的處罰，像在公共綠化地攀枝折花、隨地吐痰、亂扔垃圾、吃口香糖等行為都會遭到重罰。

新加坡鞭刑　人權組織有異議

在新加坡犯法，不只坐牢，還得接受鞭刑。搶劫、販毒、破壞公物、非法持有武器等多種特定的罪行，18 歲至 50 歲的男性犯罪者會被處以鞭刑。新加坡法律規定，每次執法最多 24 下，執行鞭刑的行刑官必須經過培訓及挑選，才能確保對犯人造成身體上的痛苦，達到懲戒的目的。

人權組織曾經大力抨擊鞭刑是種野蠻行為，但新加坡政府堅持不廢除，認為鞭刑能遏阻犯罪，而一般民眾對於是否廢除鞭刑討論度並不高，甚至有人還認為嚴刑峻法是對付犯罪的良方。

超級守法的新加坡人

口香糖在新加坡是被禁止販售的，因為新加坡總理李光耀認為亂吐口香糖，會阻礙新加坡的進步。從 1992 年開始，新加坡禁止販售口香糖，不只不能賣，也不能吃，其實，除了口香糖，許多日常行為也要留心注意呵！

路上亂丟衛生紙、吐痰、上廁所沒有沖水，亂過馬路，只要被其他人舉發，就得繳納罰金，沒錢繳罰金，那就得坐牢。如果外國人因為搞不清楚不小心犯錯的話，是不是可以不用受罰呢？

在新加坡，不管是新加坡人，還是外國人，只要違反法律，一律一視同仁，曾有位 18 歲的美籍少年，因為蓄意砸毀民眾車輛及塗鴉被判刑，即使美國總統出面說情，最後還是得執行刑期。新加坡因為嚴刑峻法，不僅乾淨，犯罪率也是全球最低的國家之一。

在新加坡旅遊時千要不要吃口香糖呵！

生活萬花筒/伴手禮

沙嗲

　　沙嗲是新加坡知名美食，福建移民來到新加坡，聞到馬來人烤肉的香氣時，問了烤肉的名字，因雙方語言不通，比手畫腳了半天，得不出任何結論。後來福建移民因為看到肉串上有三塊肉，就以閩南語的「三塊」來稱呼烤肉串，之後，大家就把好吃的烤肉串，叫做「沙嗲」咯！

撈起魚生

　　華人的農曆新年，是新加坡人一年中最重要的節日，家裡通常會布置得喜氣洋洋，也會吃些能帶來好運的食物，像是「撈起魚生」。「撈起魚生」的作法很簡單，就是把生魚片和其他的蔬果絲食材，連同調味料攪拌在一塊，然後，眾人排排站撈起食材，象徵著「風生水起」，對新年充滿希望，因為這道菜有好兆頭，因此廣受歡迎。

世界最便宜的米其林料理
─── 了凡油雞飯麵

　　位於牛車水美食街的「了凡油雞飯麵」成立於 2009 年，原本是賣港式燒臘的攤販。從 2016 起，連續 3 年得到新加坡米其林一星評價後，每天上門食客絡繹不絕，「了凡油雞飯麵」有四大招牌菜色：油雞、叉燒、燒肉及排骨，其中油雞最受歡迎。

世界第一泡麵─── 百勝廚叻沙拉麵

　　從 2002 年開始，美國部落客每年固定發表年度十大泡麵，而新加坡百勝廚叻沙拉麵多次獲得冠軍，濃郁的香氣及口味是大受歡迎的原因。百勝廚泡麵擁有多種口味，包括叻沙、咖哩、螃蟹、魚湯、全麥叻沙、全麥咖哩等，是不少觀光客伴手禮的首選。

印ㄣˋ度ㄉㄨ

India

文明古國人口多，
種姓制度難越過，
七大建築瑪哈陵，
咖哩香料好吃呵。

SUPER 導遊
甘地

只有白人能坐頭等坐位，有色人種只能待在三等車廂。

「這根本是種族歧視。」

1869 年甘地出生，印度已被英國統治長達 2 百多年。19 歲那年，甘地到英國留學，就讀倫敦大學法學院學習法律，歷經英國文化及繁榮社會的洗禮，甘地內心感觸良多。

「英國人民生活富足，真希望印度人民也能如此。」

取得律師資格後，甘地立刻回到印度孟買執業，但因個性內向，根本沒打贏任何一場官司。事業上的挫敗，讓甘地曾經想放棄，後來，有間公司邀請他到南非處理公司法律事務。

「也許我該試試不一樣的工作。」

甘地答應了。當時南非也是英國殖民地，許多印度人在那兒工作，卻飽受英國人歧視，生活中有許多不合理的規定，像搭火車時，

甘地認為政府不該區分同一國家的人民，他決定為身處南非的印度人爭取權利，組織抗議當地「黑法令」（The Black Act）的制度，該法令規定所有在南非的亞洲人都要接受登記。甘地主張以「非暴力抗爭」方式對抗英國人的歧視和不平等對待，因為參加抗爭，甘地和不少印度人遭逮捕入獄，但他卻不以為意。

1914 年，第一次世界大戰爆發。1915 年甘地回到印度。由於他在南非主導抗爭運動的消息，早已傳遍各地，所以，回到家鄉時，他已是全印度人都認識的民族英雄。當時許多英屬殖民地紛紛要求獨立，甘地也開始領導群眾爭取印度的獨立自主。

「我決定發起全民『不合作』運動」
「『不合作』運動？」
「不去英國工廠工作，不繳稅，更不穿英國人製造的衣服。」

他領導民眾發起有名的「不合作」運動，主張「不服從、不合作，和絕食抗議」，呼籲印度人民自己紡紗織布、縫製衣服、不購買任何英國製作的物品。這項活動引起極大迴響，後來，幾乎是全民投入。

1922 年，有部分民眾不願採取溫和的抗爭手段，主動發動攻擊，讓英國軍隊藉機逮捕叛亂人士。一場和平抗爭活動，英國軍隊竟射殺 3 百多名無辜的民眾；甘地感到相當悲痛，第一次宣布停止「不合作」運動，後被判刑入獄。甘地曾先後在 1922 年、1930 年、1933 年和 1942 年被捕入獄，在獄中，他以堅強的意志，透過絕食，堅持他的「文明不服從」運動。

1930 年，最著名的一場遊行抗爭運動，是甘地領導民眾抗議「食鹽公賣」制度，因政府規定民眾買鹽只能到食鹽專賣店購買，同時還要課以重稅。所以，甘地帶領著民眾徒步到艾哈邁達巴德（Ahmedabad）海邊，沿途人潮慢慢匯集，抵達時，已有成千上萬民眾。甘地在海邊抓起一把鹽沙，由於英國政府不允許印度人採鹽，甘地因此被逮捕入獄。

「釋放甘地！釋放甘地！」

全國人民相當氣憤，紛紛群起抗議，英國政府捉了 6 萬多人，仍無法平息暴動，最後只好釋放甘地，並與他商討印度獨立的問題。但當時並沒有成功，直到二次世界大戰結束後，1947 年 8 月 15 日印度才成為獨立自主的國家。

關於 甘地（1869 – 1948）

全名為「莫罕達斯‧卡拉姆昌德‧甘地」（Mohandas Karamchand Gandhi），世人尊稱為印度「聖雄甘地」，帶領印度人民對抗英國殖民政治，讓印度成為獨立的國家。他是一名嚴格的素食主義者，「非暴力」的政治哲學成為政治領導的最高典範。他一週會有一天不說話，守默一天，相信「沉默」與「平靜」會帶來力量。被印度狂熱分子槍擊當下，更以手勢表示寬容原諒凶手的行為，並為他祝福。甘地的一生鼓舞了所有殖民國家勇於爭取權利。

快跟著 Super 導遊一起認識印度！

印度 世界獨一無二 之旅

新德里

國家首都	新德里
飛行時間	7 小時
當地時間	臺灣－3 小時
國土面積	臺灣 91 倍大
貨　幣	盧比 INR（₹）

印度泰姬瑪哈陵

　　泰姬瑪哈陵（Taj Mahal）是蒙兀兒王朝的皇帝沙賈漢（Shah Jahan）為了紀念死去的皇后亞珠曼德（Arjumand Banu Begum）所蓋的陵墓。當時召集了全印度、中東及波斯最好的建築師和工匠，每天動用 2 萬名人力，耗費巨資，歷經了 22 年時間才興建完成。純白色大理石建造的「泰姬瑪哈陵」，鑲嵌著各種華麗的寶石，包含來自中國、斯里蘭卡、印度等 28 種石料，壯麗、經典的建築不僅吸引觀光客，也是印度人心中的國寶。1983 年，聯合國教科文組織將「泰姬瑪哈陵」列入世界文化遺產。

沒看過泰姬瑪哈陵，
就不能說有去過印度。

印度恆河

瓦拉納西（Varanasi）位於恆
河河畔，是世界上少數從史前到現
代都有人居住的城市。恆河是印度
的母親河，印度人心中最神聖的河
流，人們在這裡沐浴、洗衣、祭拜，
甚至有些教徒還會將亡者的遺體
運來瓦拉納西火化，再將骨灰撒入河裡。恆河水看起來
並不清澈，十分渾濁，但絲毫不影響它在印度人心中的地位。

恆河是印度的聖河，
到印度旅遊是必訪的景點！

種姓制度

傳統印度社會把人分為 4 種，分別是婆羅門（祭司與教師）、剎帝利（士兵和統治者）、吠舍（普通勞動者、商人、農人、工匠）和首陀羅（奴隸），另外，「賤民」還被排除在這 4 類之外。人們階級分明，從名字就可以知道是屬於何種種姓，雖然印度政府已經立法廢除種姓制度，但鄉村地方種姓制度依舊存在。

印度發明阿拉伯數字

印度早在西元前 3 世紀時，就開始使用阿拉伯數字。直到西元 771 年，有位印度天文學家拜訪了巴格達王宮，他將印度數字及計算方法傳授給阿拉伯人，由於簡單又方便，很快被阿拉伯人接受，又將這套方法傳播到歐洲各國，因此後來被稱為「阿拉伯數字」。現在，阿拉伯數字已經成為生活中不可或缺的計算元素，印度人可是大功臣呢！

印度人尊重牛

在印度人眼中，牛是很珍貴的動物，能供給各種生活所需，像牛奶是主食，牛糞是生火燃料，因絕大多數印度人信奉印度教，所以，即使牛隻滿街跑，也不會有人捉來吃。印度的牛隻數量占全球的六分之一。雖然牛對印度人來說很神聖，但是指黃牛而非水牛，因此，印度人會外銷水牛肉，牛皮製品等，來賺取外匯，印度的牛肉出口量是世界第一名。

印度阿育吠陀療法

印度「阿育吠陀」（Ayurveda）已有 5 千年的歷史，它被認為是世界最古老的醫學體系，也有人稱它為「醫療之母」，埃及、希臘、羅馬醫學及中醫草藥，都曾受到它的影響。阿育吠陀治療的形式有很多種，像「瑜伽」就是古阿育吠陀療法中重要的環節，另外，天然的香料和草藥也是不能或缺的，直到目前，不少印度人仍然習慣到有阿育吠陀大夫駐診的地方治病。

印度「寶萊塢」

在印度，有 3 座著名的影視基地，分別是寶萊塢（Bollywood）、托萊塢（Tollywood）及康萊塢（Kollywood）。其中，最為被人熟知的「寶萊塢」位於印度孟買，是印度電影拍攝製作的重要地點，對白以印度語和烏爾都語為主。「寶萊塢」目前被泛指「印度電影」。近幾年，寶萊塢不少電影在全球引起熱烈討論，像是探討教育問題的《三個傻瓜》、充滿女權思想的《救救菜英文》等。

每年印度出品的電影數量高居世界第一，吸引全球的觀眾人數，甚至超越好萊塢，影片時間長及大量歌舞場面是印度電影最大的特色。

印度是歷史悠久擁有獨特文化的國度呀。

恰巴提 (chapati) 是
用平底鍋或鐵板煎烤的
印度餅

羅提 (roti) 是
坦都爐烘烤的印度餅

印度餅

　　北印度
及南印度主食
不同，北印以麵餅
為主，南印則是米飯。北印
的麵餅種類多樣，各有不同配方及料
理方式，有的揉成餅狀放入坦都爐烘
烤，有些則是下鍋油炸。印度人會將
印度餅包配菜食用，最後，還會利用
麵餅把盤子刮得乾乾淨淨，吃得連醬
汁都不剩。

印度可食用餐具

　　印度人口高達 13 億多，所使用的免洗餐具也居全球之冠，
印度發明家 Narayan Peesapaty 成立「Bakey' s」為了減少垃
圾汙染，設計由小米、米飯、麵粉等天然食材烘焙製成的湯匙
和叉子。這些可食用餐具的保存期限有 3 年，放在土裡 4、5 天
就能自行分解。由於價格不貴，民眾吃完餐點後，可直接把湯
匙、叉子吃進肚裡，就不會製造多餘的垃圾了。

印度咖哩

　　咖哩就是把許多香料混合在一起煮，為什麼會有咖哩料理呢？據說和佛祖釋迦牟尼佛有關。佛教盛行的印度，因為「豬」比較汙穢，人們不喜歡吃，而「牛」是釋迦牟尼佛的座騎，也不能吃，羊肉就成了主要食用的肉類，但羊肉有獨特腥騷氣味，並不討喜，當釋迦牟尼佛知道後，就教人們用含有香味、樹皮及草的根來料理，這就是大家熟悉的咖哩最早的模樣囉！

印度拉茶

　　印度生產的紅茶舉世聞名，大吉嶺紅茶、阿薩姆紅茶和尼爾吉利紅茶更是其中佼佼者。印度人習慣把茶葉、牛奶和砂糖，一起放入鍋子裡熬煮，煮得越久，味道越好，是印度人日常生活中不可缺的飲料。

　　為了使奶茶入味和降溫，印度人習慣將茶壺拉高再將茶倒入杯中，因此，有了「拉茶」（Teh tarik）的說法，拉茶有時也會用兩個杯子，要讓茶水在茶杯間飛來飛去，並準確落入杯中，並不容易呵！

以色(ㄙㄜ)列(ㄌㄧㄝ)
Israel

流浪建國戰爭多，
重視教育表現優，
各行各業爭出頭，
猶太團結力量夠。

果爾達・梅厄

果爾達・梅厄出生於俄羅斯的基輔，為了躲避大屠殺的迫害，身為猶太人的梅厄一家人，常躲在漆黑的屋裡，為了過更好的生活，在梅厄8歲時，父母決定全家移居美國。到了美國後，梅厄終於能上學，同時在學校表現出優秀的組織能力和演講天賦。

雖然學校老師肯定梅厄的才華，但母親卻不以為然，甚至在梅厄14歲時，就安排她嫁給一位年長的男人。梅厄反抗母親的安排，離家遠赴美國科羅拉多，開始接觸猶太復國主義、女性主義、工會制度等思想的啟蒙。年紀輕輕的梅厄生活上遭遇許多困難，但憑藉著吃苦耐勞和聰明好學的精神，克服一切，工作之餘，也沒放棄讀書。

「這是真的嗎？」
「嗯，猶太人打算在巴勒斯坦建立自己的國家。」
「有了自己的國家，就不會流離失所，被別人歧視了。」

愛國的梅厄決心盡份心力，她回到美國家中，開始協助組織了密爾沃基（Milwaukee）的遊行示威，到處演講，父母親也從反對到全力支持，她的家成為建國理想者的聚集中心。1921年，與志同道合的夫婿莫里斯回到巴勒斯坦，加入以色列人的集體社區基布茲（Kibbutz），親自參與建國的過程。

當梅厄看到巴勒斯坦滿地荒蕪，缺乏建設時，內心有強烈的失落感，但她清楚知道，絕對不能因外在惡劣環境，而放棄建國的夢

想。於是，她開始和夥伴們胼手胝足打造家園，之後，她成為了勞動組織的代表，肩負起許多工作。由於梅厄擅長英文，因此當她有機會出席許多國際會議時，總會大聲疾呼爭取猶太人的權利。

「猶太人需要國家的保護，不想再過著被歧視和不安的日子。」

1947 年，聯合國通過「巴勒斯坦分治」決議，認同了猶太人的想法，讓他們擁有一個能為他們的權利奮戰的國家，所有猶太人聽到這個消息都欣喜若狂，但沒想到另一場試煉才正開始，因為其他阿拉伯國家並不贊成，甚至還打算採用嚴厲的手段阻止。

面對阿拉伯國家的宣戰，梅厄透過各種外交手段，希望能找到和平的解決方式，但沒有任何作用。1948 年，第一次「中東戰爭」爆發，以色列與敵軍軍力相差懸殊，處於劣勢，但因不想失去國家，以色列人們背水一戰，沒想到，居然取得了勝利。

1948 年，以色列復國成功，梅厄擔任勞工部長及外交部長，經過一年半的努力，以色列成為擁有 80 萬人口的國家，目前已達 850 多萬人，以猶太人占最多數。以色列復國以來，與鄰近的阿拉伯國家衝突不斷，戰爭頻仍。1969 年，以色列第三任總理列維·艾希科爾（Levi Eshkol）因心肌梗塞過世，梅厄成為了以色列第一位女性總理，世界上第三位女總理。梅厄因行事作風果斷，被公認為世界第一「鐵娘子」。

關於 果爾達·梅厄 Golda Meir （1898 – 1978）

早在英國首相柴契爾夫人前，以色列建國之母果爾達·梅厄即享有「鐵娘子」的稱號。畢生為以色列復國奔走，強悍的作風，完全不讓鬚眉。最著名的「德國慕尼黑慘案」，以色列參加奧運的 9 名運動員，慘遭阿拉伯世界的恐怖分子挾持，當時身為總理梅厄，不與恐怖分子妥協，9 名運動員壯烈犧牲後，梅厄下令展開「以牙為牙」復仇計劃，長達 9 年的暗殺行動，將當時的恐怖分子的殺害者一一剷除，以慰 9 名運動員在天之靈。

快跟著 Super 導遊一起認識以色列！

以色列 宗教文化 之旅

國家首都 耶路撒冷

飛行時間 14 小時

當地時間 臺灣－6 小時

國土面積 臺灣 1/2 倍大

貨　　幣 新謝克爾（new shekel）
ILS（₪）

三大宗教重要之地──耶路撒冷

　　耶路撒冷（Jerusalem）的位置在以色列與巴勒斯坦共同境內，也是猶太教、伊斯蘭教及基督教三大宗教的共同的聖地。對猶太人來說，耶路撒冷是上帝應許之地，是亞伯拉罕預備獻祭兒子「以撒」給「耶和華」的場所；而大衛王之子所羅門是耶路撒冷神廟首位建造者，無法親自拜訪的猶太人，必須朝著朝路撒冷所在的位置朝拜。

　　《可蘭經》中，耶路撒冷是先知穆罕默德「夜行」與真主對話的地方，真主指示穆斯林每日應禱告 50 次，但因擔心穆斯林無法承受，穆罕默德請求真主將次數減為 5 次（通常是早晨、中午、日落一半時、日落、入睡前等），

耶路撒冷依然保有中古世紀的城市輪廓，值得好好探訪。

耶路撒冷曾是穆斯林第一個朝拜的方向，現今改為麥加。

　　除了猶太人及穆斯林之外，耶路撒冷也是許多基督徒朝聖之地，在《聖經》記載中，耶穌就是在耶路撒冷受難、埋葬，最後復活、升天。於是篤信基督教的信徒都相信，末日時耶穌將再度降臨。

　　耶路撒冷作為以色列的首都，至今，在國際上仍遭受多國的否認。2018 年 5 月 14 日，美國總統川普宣布美國駐以色列大使館從特拉維夫遷往耶路撒冷，發表「以色列和其他主權國家一樣，有權利決定自己的首都」。對以色列來說，具有重要的意義。

要用愛包容不同的宗教信仰呵！

聖殿山

聖殿山（Temple Mount）位於耶路撒冷舊城，是猶太教和伊斯蘭教的聖地，不少重要的宗教建築都興建於此，如猶太教的聖殿遺跡哭牆，伊斯蘭教的兩座重要的清真寺圓頂清真寺（The Dome of the Rock）、阿克薩清真寺（Al-Aqsa Mosque）。聖殿山一直都是中東衝突的焦點，1967年中東戰爭後，以色列控制了整個老城，但後來與約旦達成協議，管轄權歸屬約旦，以色列則負責維護聖殿山的治安。

猶太人愛閱讀

猶太人占以色列人口的 75%，美國約有 2% 的人口是猶太人，雖然總數不多，但美國前四十大的富豪中，45% 是猶太人，獲得諾貝爾獎的美國人中，1/4 是猶太人，各行各業都有相當傑出優秀的猶太人，為什麼猶太人如此優秀呢？這應該和民族性及教育有關，猶太人剛開始建國時，遭受極大的困難，但卻在逆境中求生存，這樣的精神，讓他們在各行各業占有一席之地。

民族性之外，猶太人也很重視教育和閱讀，以色列人的讀書量是全球第一名，圖書館和出版社也是全球最多，他們從小閱讀猶太法典，書裡收藏了許多猶太人的生活智慧，其中有些內容與經濟相關，從小耳濡目染情況下，奠定了不錯的理財或經濟基礎。

祁禱聖地———哭牆

所羅門王在耶路撒冷建立了第一個聖殿，但巴比倫人攻佔時，遭到摧毀，後來，在原址重建聖殿，但又被羅馬大軍破壞殆盡，結果，只留下西牆，猶太人看到僅存的大牆，心中悲傷痛哭不已，因此，這面大牆又被稱為「哭牆（Western Wall）」。

「哭牆」是聖殿的唯一遺跡，猶太教徒最神聖的祈禱聖地，為讓教徒禱告時心無旁鶩，所以，哭牆廣場男女有別，男性教徒的祈禱處在北方，南方則是女性教徒。除了可以面牆、撫牆，誦讀經文禱告外，也有不少人會將心願或經文，寫在小紙條上，塞進哭牆的石縫內，祈禱結束時，不能直接轉身離開，以臉朝牆，後退方式，才表示尊敬。

以色列女生要當兵

由於以色列位處於戰事頻繁的中東，所以，採取「全民皆兵」制度。1948 年，以色列建國以來，就實行「徵兵制」，只要年滿 18 歲，無論男女都需要接受軍旅生活，男生當兵 3 年，女生則是 2 年，只有已婚或懷孕婦女，或是因宗教信仰的關係，才不需要當兵，以色列也是世界上少數女性需服兵役的國家！

以色列的識字率高達 9 成，大家都很愛讀書呵！

生活萬花筒 / 伴手禮

死海泥保養品

　　死海（Dead Sea）又名「鹽海」，因湖水鹽度高，魚無法生存，岸邊也沒花草，因此才會被稱為死海。死海並非海洋，而是個鹹水湖，位於以色列、約旦、巴勒斯坦交界，含鹽量達到 30%，比海水還鹹 7 倍，死海的總鹽量估計有 130 億頓，若全提取出來，應該夠全世界的人吃上 300 多年，而海水的浮力可乘載人體的重量，漂浮海上不易下沈。

　　死海的湖水不僅含鹽量高，且富含礦物質，所以，死海泥製造的保養品是以色列最有名的伴手禮，甚至有一說「死海的泥巴是世界上最好的護膚聖品」。

嚴格的飲食戒律

　　猶太教有嚴格的飲食規範，並非所有肉品都能食用，教徒只吃牛及羊，不吃豬、狗、馬，肉類還必須經由專業屠宰師傅處理才行。另外，由於肉品和奶製品不能混合食用，所以，猶太人會有兩套鍋子和餐具烹調處理，以免誤觸禁忌。

口袋麵包

　　麵包是以色列人的主食，種類多樣，各擁有不同口感和嚼勁，其中，以白麵包、貝果與口袋麵包（Pita）最為普遍。以色列人通常會在口袋麵包裡抹上一層鷹嘴豆泥，再塞入醬汁、牛肉丸、蔬菜或沙拉等食材，成為一道美味佳餚。

辮子麵包

　　辮子麵包（Challah）是猶太人安息日食用的麵包，也會出現在歐洲慶祝宗教節日上。辮子麵包在猶太新年時會編成圓形，象徵圓滿，而麵包上的三股辮子象徵真理、和平和美麗，辮子麵包可蘸醬料或搭配沙拉食用。

俄ざ羅めて斯ム
Russia

世界面積第一名，
許願娃娃祈幸運，
芭蕾舞者舞熱情，
壯觀建築讚不停。

柴可夫斯基

柴可夫斯基出身於沒落後的貴族世家，5 歲就展現音樂方面的才能，雖然從小有良好音樂基礎學習，但父母卻希望他成為律師，因無法忘情音樂，說服父親後，柴可夫斯基如願進入音樂學院就讀。

柴可夫斯基的畢業作品是以德國文學家席勒（Johann Christoph Friedrich von Schiller）《歡樂頌》為題材創作的清唱劇，不僅贏得學院銀牌獎，也獲得尼古萊·魯賓斯坦（Nikolai Grigoryevich Rubinstein）的賞識，受邀到莫斯科的音樂學院擔任聲樂老師。

「唉……到底是那裡出了問題？」
「你可千萬別沮喪，再接再厲，一定會成功的！」

1866 年，任教第一年，柴可夫斯基完成了第一號交響曲《冬之夢》（又名《g 小調第一交響曲》），這首曲子並未如預期獲得熱烈回響，柴可夫斯基相當失望，但他並未放棄，開始與俄國國民樂派的音樂家互動，後來，他接受國民樂派的領導人巴拉基列夫（Mily Balakirev）的建議，寫下著名的管弦樂作品《羅密歐與茱麗葉幻想序曲》，但也因此，作曲風格與俄國國民樂派漸行漸遠，最後，在俄國的音樂史上發展出兩種截然不同的作曲方向。

「我本來對你還寄予厚望，但聽完《b 小調鋼琴協奏》，實在非常失望。」
「這……這……。」

1874 年，柴可夫斯基完成作品《降 b 小調第 1 號鋼琴協奏曲》後，沒想到，卻遭到尼古萊·魯賓斯坦嚴厲的批評；於是，另外邀請當時德國著名的鋼琴家兼指揮家翰斯·馮·畢羅（Hans von Blow）首演。1875 年，畢羅在美國波士頓演出該首曲子，卻大獲好評；在美國演出後，回到莫斯科，由柴科夫斯基的學生塔涅耶夫（Sergey Ivanovich Taneyev）擔任鋼琴演奏，邀請尼古萊·魯賓斯坦擔任管弦樂團指揮，莫斯科演出大為成功，魯賓斯坦後來為自己先前的批評，向柴可夫斯基道歉，此後，魯賓斯坦多次親自演奏此曲，盡力推介此曲給世人，成為演繹該首曲子的權威。直到今天，這首也是柴可夫斯基最著名的鋼琴協奏曲。

1875 到 1892 年間，柴可夫斯基又完成許多曲子，包括了音樂劇《天鵝湖》（1876），作品的成功，大大提升柴可夫斯基在俄國樂壇的地位，也讓他成為國際注目的作曲家；1887 到 1888 年，柴可夫斯基開始在歐洲各地旅行演出，除了演出外，柴可夫斯基也見到布拉姆斯（Johannes Brahms）、德弗札克（Antonin Dvorak）等有名的作曲家。回國後，他再度投入樂曲創作，在這段時間完成了舉世聞名的《睡美人》（1889）、《胡桃鉗》（1892）芭蕾舞劇音樂。雖然，柴可夫斯基一生中只製作三齣芭蕾舞劇的配樂，但直至今日，頂尖的芭蕾舞團都把演出這三齣劇，視為最高難度的挑戰！

關於 柴可夫斯基
Pyotr Ilyich Tchaikovsky
（1840 – 1893）

柴可夫斯基生性多愁善感，最崇拜的音樂家是 18 世紀初的莫札特，大提琴名曲《洛可可主題變奏曲》刻意模仿古典時期的音樂曲風，就是他向莫札特致敬的代表作。柴可夫斯基的音樂成就斐然，但他的死因不明，至今未有定論，然私人慘烈的婚姻生活、贊助人梅克夫人與他的軼聞，甚至他的性向，至今依然都是令人津津樂道的故事。

快跟著 Super 導遊一起認識俄羅斯！

俄羅斯 特色建築 之旅

莫斯科

國家首都 莫斯科	
飛行時間 9 小時	**國土面積** 臺灣 472 倍大
當地時間 臺灣－5 小時	**貨　　幣** 盧布 RUB（₽、руб）

克林姆林宮

　　克林姆林宮（Kremlin and Red Square）位於莫斯科市中心，由 4 座宮殿、4 座大教堂、19 座塔樓建築群及長 2230 公尺、高 5 公尺至 9 公尺、寬 6 公尺的紅色城牆環繞組成，是座固若金湯的城堡，譽有「世界第八奇景」。位在克林姆林宮的「聖母升天大教堂（Dormition Cathedral）」，又名「聖母安息主教座堂」，是 15 世紀中期，莫斯科大公伊凡三世下令委託義大利建築設計師亞里士多德·菲奧拉萬帝（Aristotele Fioravanti）興建，

這是莫斯科最偉大的建築，一定要來參觀。

聖母升天大教堂
有 5 個金色圓頂

擁有 5 個圓頂的聖母升天大教堂，牆壁和廊柱不僅有許多令人嘆為觀止的壁畫，還有許多古老的圖騰，是歷代沙皇加冕之處，也是克林姆林宮最大，俄羅斯最重要的教堂。

俄羅斯的建築
真的好美呵！

聖巴索大教堂

　　紅場是位於莫斯科中心的公共廣場，各種大型慶點及閱兵活動都在此地舉辦，四周是著名的建築物和商場。紅場西南方的「聖巴索大教堂（St. Basil's Cathedral）」，由 9 座禮拜堂組合而成，每座禮拜堂上方都是造形、色彩各異的洋蔥式圓頂，是俄羅斯最具代表的經典建築。

　　據説沙皇依凡四世看到建築師波茲特尼克（Postnik Yakovlev）建造完成的聖巴索教堂後，大為驚嘆，但擔心建築師會在其他地方建造出相同繽紛美麗的建築物，因此，下令將建築石匠、工匠們的眼睛弄瞎，好成就聖巴索大教堂獨一無二的美麗。

莫斯科地鐵

　　莫斯科地鐵有「地下的藝術殿堂」稱號，被公認為是世界上最漂亮的地鐵。色彩繽紛的大理石、花崗石、陶瓷和玻璃鑲嵌的各種壁畫，造就莫斯科地鐵獨特之處。

　　莫斯科地鐵興建於 1931 年，共有上萬名人力投入建設，1935 年正式通車，是世界上規模最大的地下鐵路系統之一，總長 333.4 公里，目前增有 12 條路線、200 多個車站，載客量每日平均 600 萬人次，名列世界地鐵使用率第六名，第一名是中國北京地鐵。

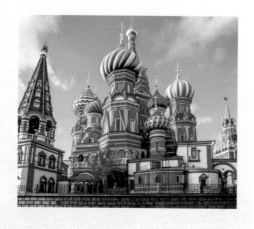

俄羅斯馬戲團表演

　　1793 年，英國的馬戲團大師察理斯・修斯（Charles Hughes），在聖彼德堡成立了俄羅斯第一個馬戲團，因受到女皇的賞識，從此馬戲團表演形成一股風潮。馬戲表演、古典芭蕾及歌劇是俄羅斯的三大藝術瑰寶。

　　20 世紀初，俄羅斯積極培養馬戲人才，在莫斯科建立全球第一所馬戲學校，馬戲學校畢業的學生都是馬戲界的佼佼者，除了在俄羅斯境內演出外，20 世紀中，還開始遠赴歐美各地表演。1880 年創立的尼庫林馬戲團（Cirque Nikouline）是莫斯科相當知名的馬戲團，也奠定了莫斯科在俄羅斯馬戲發展史上的龍頭地位。

俄羅斯人的生活禁忌

　　「13」是俄羅斯人眼中不吉利的數字，因為背叛耶穌的猶太在「最後的晚餐」中排列第十三，因此，俄羅斯人認為「13」是凶險和死亡的象徵。除了「13」外，臺灣人很喜歡的數字「666」，俄羅斯人可是一點都不愛，因為他們覺得「666」是魔鬼的化身。

　　除了不吉利的數字外，黑貓和空水桶也是俄羅斯人生活中的大禁忌。俄羅斯人看到黑貓，就覺得好運氣將遠離；看到有人手提空水桶，他們也認為是不祥的預兆，反之，如果看到裝滿水的水桶，就是好兆頭。俄羅斯人喜歡打碎杯盤，認為代表富貴和幸福，所以，一些隆重的場合，他們會故意打碎一些杯盤呢！

俄羅斯擁有「戰鬥民族」的稱號，個性都很強悍呦！

生活萬花筒 / 伴手禮

伏特加

　　俄羅斯人相當喜愛飲用伏特加（Vodka），這和大半年都是天寒地凍的天氣有密切關係。俄羅斯人堅信伏特加酒是具有神奇療效的藥品，民間還謠傳常飲用伏特加酒可以防止輻射，伏特加可說得上是俄羅斯人的好朋友呢！

魚子醬

　　魚子醬又被稱為「黑珍珠」或「黑金」。俄羅斯魚子醬，其實是產於裡海（Caspian Sea）的鱘魚卵，雖然世界上其他河流也能取得鱘魚魚卵，但取自裡海的鱘魚魚卵，有人認為才是道地的魚子醬。

　　從鱘魚取魚卵是項專門技術，過程中鱘魚不能死掉，否則會破壞味道和口感，而醃製手續則是決定魚子醬質感的關鍵，雖然，處理魚子醬過程很繁瑣，但是吃法卻愈簡單愈好，俄羅斯傳統薄烤餅上塗上一層魚子醬，再喝杯冰冷的伏特加，是俄羅斯人視為相當高級的享受。

俄羅斯娃娃（許願娃娃）

　　原是「套娃」（matryoshka），是俄羅斯著名的傳統藝術品。
作法是在白樺木上用釉漆彩繪各種圖案，胖胖圓圓的娃娃套疊在一
起，常見有5層、7層、半層不等，深受孩童喜愛。關於俄羅斯娃娃
的傳說很多，相傳在戰火中有小男孩跟妹妹走散了，為了尋找妹妹，
每年妹妹生日都會刻木頭娃娃表達思念，隨身帶在身上，直到小男孩
長大，總共有7個木頭娃娃。後來，又一傳說，因俄羅斯戰火不斷，
許多的男士都被徵召上戰場去打仗，有個女孩因思念上戰場的情人，
每天用木頭刻一個娃娃，同時對著娃娃許願，沒想到，後來情人竟平
安回來，人們都說俄羅斯娃娃擁有神奇的許願力量。俄羅斯娃娃就成
為到俄羅斯旅遊時必買的商品。

為什麼有些國家的國民非常貧窮？

　　世界上有 190 幾個國家，有些國家國民的生活先進富裕，有些則是貧窮落後，為何會有這樣的差別？是因為國民沒有認真努力工作嗎？當然不是，身為世界公民，我們應該抱持著「人飢己飢，人溺己溺」的態度，對於那些貧苦的民眾伸出援手，協助他們改善貧困的生活。

什麼是貧窮線？
全球有多少人生活在貧窮線以下？

　　小朋友，你計算過自己一天花多少錢吃飯、搭車和買零食呢？你知道生活在貧窮線以下的人，每天花多少錢嗎？聯合國訂定了貧窮線的標準，就是一天花費不超過 1.9 美元（約新臺幣 60 元）；根據聯合國統計，全球有 9 億人口生活在貧窮線以下，占了全球人口的 10% 左右。

為什麼這些國家的國民會如此貧窮呢？主要原因有幾個，其一是國內政治動盪、內戰頻仍或遭受其它國家的攻擊，當人民每天只顧著躲避戰火的攻擊，國家經濟根本處於停滯狀態。另外，有些國家缺乏資源或水源，像沙漠地區，根本無法種植作物，或是國內經濟出現問題，民眾連上班或打工賺錢的機會都沒有，在沒有經濟來源的情況下，生活只會越來越貧困。

減少世界貧窮人口的方法？

　　聯合國提出計畫於 2030 年全面消除貧窮人口，同時將發展所得用來照顧生活在底層的民眾，其實，聯合國早已介入處理部分國家內戰，給予貧苦的民眾人道協助。除了聯合國之外，部分非政府組織（NGO）也提供了不少的解決方法，像是改革農業、提供金融貸款或設置教育機構等，希望藉由生活方式的改變，讓那些民眾能擺脫貧窮的命運，解決貧窮問題並不容易，依賴國際援助外，政府單位也必須建置好的經濟體制，創造工作機會，讓窮人能有自力更生的工作機會，才能夠有效的消滅貧窮。

小朋友，你可以怎麼做？

　　你知道嗎？每天省下兩杯珍珠奶茶的費用，就能幫助一個生活在貧窮線下的非洲小朋友過一天呵！所以，節省下不必要的花費，捐款給值得信賴的國際組織，讓他們有系統的把各地捐來的物資或金錢，交到需要援助的人手上，這是小朋友盡世界公民責任的方式，至於哪些是可信賴的組織？像有些認養機構，捐款者會收到認養者的照片或信件，如此一來，小朋友就可以確認自己的金錢，是否有被妥善的運用了。

走吧走吧！跟世界做朋友

作　　者：施賢琴（小茉姐姐）／著
繪　　者：KIDISLAND・兒童島／繪

書籍企劃：黃文慧
責任編輯：劉佳玲
封面設計：三人制創
內文版型：林銀玲
內文設計：郭嘉敏
審稿校對：林亮亮、張草子、施賢琴
印　　務：黃禮賢、李孟儒
行銷企劃：祝子慧、林彥伶、朱妍靜
圖片授權：達志影像

社　　長：郭重興
發行人兼出版總監：曾大福
總　編　輯：馮季眉
編　　輯：許雅筑
出　　版：快樂文化出版／遠足文化事業股份有限公司
地　　址：231 新北市新店區民權路 108-1 號 8 樓
網　　址：www.bookrep.com.tw
電　　話：（02）2218-1417
傳　　真：（02）2218-8057
發　　行：遠足文化事業股份有限公司
地　　址：231 新北市新店區民權路 108-2 號 9 樓
電　　話：（02）2218-1417
傳　　真：（02）2218-1142
電　　郵：service@bookrep.com.tw
郵撥帳號：19504465
客服電話：0800-221-029
網　　址：www.bookrep.com.tw

法律顧問：華洋法律事務所 蘇文生律師
印　　刷：凱林印刷

初版 1 刷：西元 2019 年 10 月
初版 5 刷：西元 2022 年 11 月
定　　價：450 元
ISBN：978-986-95917-4-4（平裝）
Printed in Taiwan 著作權所有 侵犯必究

國家圖書館出版品預行編目 (CIP) 資料

走吧走吧！跟世界做朋友 . 亞洲篇 / 施賢琴著；兒童
島繪 . -- 初版 . -- 新北市：快樂文化出版：遠足文化發
行，2019.10

　　面；　公分 . -- (知識圖書館；1)

ISBN 978-986-95917-4-4(平裝)

1. 人文地理 2. 通俗作品 3. 亞洲

730.85　　　　　　　　　　　　108015708

知識
圖書館
豐富孩子的視野

[知識
圖書館]

豐富孩子的視野

知識
圖書館

豐富孩子的視野